Y0-CAR-631

COLLECTION POÉSIE

SAINT-JOHN PERSE

Vents

suivi de

Chronique

et de

Chant pour un équinoxe

GALLIMARD

VENTS

Pour Atlanta et Allan P.

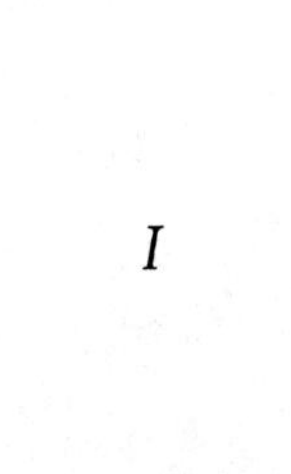

I

I

C'étaient de très grands vents sur toutes faces de ce monde,

De très grands vents en liesse par le monde, qui n'avaient d'aire ni de gîte,

Qui n'avaient garde ni mesure, et nous laissaient, hommes de paille,

En l'an de paille sur leur erre... Ah! oui, de très grands vents sur toutes faces de vivants!

Flairant la pourpre, le cilice, flairant l'ivoire et le tesson, flairant le monde entier des choses,

Et qui couraient à leur office sur nos plus grands versets d'athlètes, de poètes,

C'étaient de très grands vents en quête sur toutes pistes de ce monde,

Sur toutes choses périssables, sur toutes choses saisissables, parmi le monde entier des choses...

Et d'éventer l'usure et la sécheresse au cœur des hommes investis,

Voici qu'ils produisaient ce goût de paille et d'aromates, sur toutes places de nos villes,

Comme au soulèvement des grandes dalles publiques. Et le cœur nous levait

Aux bouches mortes des Offices. Et le dieu refluait des grands ouvrages de l'esprit.

Car tout un siècle s'ébruitait dans la sécheresse de sa paille, parmi d'étranges désinences : à bout de cosses, de siliques, à bout de choses frémissantes,

Comme un grand arbre sous ses hardes et ses haillons de l'autre hiver, portant livrée de l'année morte;
Comme un grand arbre tressaillant dans ses crécelles de bois mort et ses corolles de terre cuite —
Très grand arbre mendiant qui a fripé son patrimoine, face brûlée d'amour et de violence où le désir encore va chanter.

« Ô toi, désir, qui vas chanter... » Et ne voilà-t-il pas déjà toute ma page elle-même bruissante,
Comme ce grand arbre de magie sous sa pouillerie d'hiver : vain de son lot d'icônes, de fétiches,
Berçant dépouilles et spectres de locustes; léguant, liant au vent du ciel filiales d'ailes et d'essaims, lais et relais du plus haut verbe —
Ha! très grand arbre du langage peuplé d'oracles, de maximes et murmurant murmure d'aveugle-né dans les quinconces du savoir...

2

« Ô vous que rafraîchit l'orage... Fraîcheur et gage de fraîcheur... » Le Narrateur monte aux remparts. Et le Vent avec lui. Comme un Shaman sous ses bracelets de fer :

Vêtu pour l'aspersion du sang nouveau — la lourde robe bleu de nuit, rubans de faille cramoisie, et la mante à longs plis à bout de doigts pesée.

Il a mangé le riz des morts ; dans leurs suaires de coton il s'est taillé droit d'usager. Mais sa parole est aux vivants ; ses mains aux vasques du futur.

Et sa parole nous est plus fraîche que l'eau neuve. Fraîcheur et gage de fraîcheur... « Ô vous que rafraîchit l'orage... »

(Et qui donc ne romprait, du talon ne romprait l'enchaînement du chant ?) Se hâter, se hâter ! Parole de vivant !

Le Narrateur monte aux remparts dans la fraîcheur des ruines et gravats. La face peinte pour l'amour comme aux fêtes du vin... « Et vous avez si peu de temps pour naître à cet instant ! »

Jadis, l'esprit du dieu se reflétait dans les foies d'aigles entrouverts, comme aux ouvrages de fer du forgeron, et la divinité de toutes parts assiégeait l'aube des vivants.

Divination par l'entraille et le souffle et la palpitation du souffle ! Divination par l'eau du ciel et l'ordalie des fleuves...

Et de tels rites furent favorables. J'en userai. Faveur du dieu sur mon poème ! Et qu'elle ne vienne à lui manquer !

« Favorisé du songe favorable » fut l'expression choisie pour exalter la condition du sage. Et le poète encore trouve recours dans son poème,

Reconnaissant pour excellente cette mantique du poème, et tout ce qu'un homme entend aux approches du soir;

Ou bien un homme s'approchant des grandes cérémonies majeures où l'on immole un cheval noir. — « Parler en maître, dit l'Écoutant. »

3

C'étaient de très grandes forces en croissance sur toutes pistes de ce monde, et qui prenaient source plus haute qu'en nos chants, en lieu d'insulte et de discorde;

Qui se donnaient licence par le monde — ô monde entier des choses — et qui vivaient aux crêtes du futur comme aux versants de glaise du potier...

Au chant des hautes narrations du large, elles promenaient leur goût d'enchères, de faillites; elles disposaient, sur toutes grèves, des grands désastres intellectuels,

Et sur les pas précipités du soir, parmi les pires désordres de l'esprit, elles instituaient un nouveau style de grandeur où se haussaient nos actes à venir;

Ou disputant, aux îles lointaines, des chances du divin, elles élevaient sur les hauteurs une querelle d'Esséniens où nous n'avions accès...

Par elles prospéraient l'erreur et le prodige, et la sauterelle verte du sophisme; les virulences de l'esprit aux abords des salines et la fraîcheur de l'érotisme à l'entrée des forêts;

Par elles l'impatience aux rives feintes des Mers mortes, aux cimes peintes de vigognes, et sur toutes landes de merveille où s'assemblent les fables, les grandes aberrations du siècle...

Elles infestaient d'idées nouvelles la laine noire des typhons, le ciel bas où voyagent les beaux édits de proscription,

Et propageant sur tous les sables la salicorne du désir, elles promettaient semence et sève de croissance comme délice de cubèbe et de giroflier,

Elles promettaient murmure et chant d'hommes

vivants, non ce murmure de sécheresse dont nous avons déjà parlé.

Achève, Narrateur!... Elles sifflaient aux portes des Curies. Elles couchaient les dieux de pierre sur leur face, le baptistère sous l'ortie, et sous la jungle le Bayon.

Elles libéraient la source sous la ronce et le pavé des Rois — dans les patios des Cours de Comptes et dans les Jeux de Paume, dans les ruelles jonchées d'estampes, d'incunables et de lettres de femmes.

Elles épousaient toute colère de la pierre et toute querelle de la flamme; avec la foule s'engouffraient dans les grands songes bénévoles, et jusqu'aux Cirques des faubourgs, pour l'explosion de la plus haute tente et son échevèlement de fille, de Ménade, dans un envol de toiles et d'agrès...

Elles s'en allaient où vont les hommes sans naissance et les cadets sans majorat, avec les filles de licence et les filles d'Église, sur les Mers catholiques couleur de casques, de rapières et de vieilles châsses à reliques,

Et s'attachant aux pas du Pâtre, du Poète, elles s'annexaient en cours de route la mouette mauve du Mormon, l'abeille sauvage du désert et les migrations d'insectes sur les mers, comme fumées de choses errantes prêtant visière et ciel de lit aux songeries des femmes sur la côte.

★

Ainsi croissantes et sifflantes au tournant de notre âge, elles descendaient des hautes passes avec ce sifflement nouveau où nul n'a reconnu sa race,

Et dispersant au lit des peuples, ha! dispersant — qu'elles dispersent! disions-nous — ha! dispersant

Balises et corps morts, bornes milliaires et stèles votives, les casemates aux frontières et les lanternes aux récifs; les casemates aux frontières, basses comme des porcheries, et les douanes plus basses au penchant de la terre; les batteries désuètes sous les palmes, aux îles de corail blanc avilies de volaille; les édicules sur les caps et les croix aux carrefours; tripodes et postes de vigie, gabions, granges et resserres, oratoire en forêt et refuge en montagne; les palissades d'affichage et les Calvaires aux détritus; les tables d'orientation du géographe et le cartouche de l'explorateur; l'amas de pierres plates du caravanier et du géodésien; du muletier peut-être ou suiveur de lamas ? et la ronce de fer aux abords des corrals, et la forge de plein air des marqueurs de bétail, la pierre levée du sectateur et le cairn du landlord, et vous, haute grille d'or de l'Usinier, et le vantail ouvragé d'aigles des grandes firmes familiales...

Ha! dispersant — qu'elles dispersent! disions-nous — toute pierre jubilaire et toute stèle fautive,

Elles nous restituaient un soir la face brève de la terre, où susciter un cent de vierges et d'aurochs parmi l'hysope et la gentiane.

Ainsi croissantes et sifflantes, elles tenaient ce chant très pur où nul n'a connaissance.

Et quand elles eurent démêlé des œuvres mortes les vivantes, et du meilleur l'insigne,

Voici qu'elles nous rafraîchissaient d'un songe de promesses, et qu'elles éveillaient pour nous, sur leurs couches soyeuses,

Comme prêtresses au sommeil et filles d'ailes dans leur mue, ah! comme nymphes en nymphose parmi les rites d'abeillage — lingeries d'ailes dans leur gaine et faisceaux d'ailes au carquois —

Les écritures nouvelles encloses dans les grands schistes à venir...

Ô fraîcheur dans la nuit où fille d'aile se fit l'aube : à la plus haute cime du péril, au plus haut front

De feuilles et de frondes!... « Enchante-moi, promesse, jusqu'à l'oubli du songe d'être né... »

Et comme celui qui a morigéné les Rois, j'écouterai monter en moi l'autorité du songe.

Ivre, plus ivre, disais-tu, d'avoir renié l'ivresse... Ivre, plus ivre, d'habiter

La mésintelligence.

4

Tout à reprendre. Tout à redire. Et la faux du regard sur tout l'avoir menée!

Un homme s'en vint rire aux galeries de pierre des Bibliothécaires. — Basilique du Livre!... Un homme aux rampes de sardoine, sous les prérogatives du bronze et de l'albâtre. Homme de peu de nom. Qui était-il, qui n'était-il pas ?

Et les murs sont d'agate où se lustrent les lampes, l'homme tête nue et les mains lisses dans les carrières de marbre jaune — où sont les livres au sérail, où sont les livres dans leurs niches, comme jadis, sous bandelettes, les bêtes de paille dans leurs jarres, aux chambres closes des grands Temples — les livres tristes, innombrables, par hautes couches crétacées portant créance et sédiment dans la montée du temps...

Et les murs sont d'agate où s'illustrent les lampes. Hauts murs polis par le silence et par la science, et par la nuit des lampes. Silence et silencieux office. Prêtres et prêtrise. Sérapéum!

À quelles fêtes du Printemps vert nous faudra-t-il laver ce doigt souillé aux poudres des archives — dans cette pruine de vieillesse, dans tout ce fard de Reines mortes, de flamines — comme aux gisements des villes saintes de poterie blanche, mortes de trop de lune et d'attrition ?

Ha! qu'on m'évente tout ce lœss! Ha! qu'on m'évente tout ce leurre! Sécheresse et supercherie d'autels... Les livres tristes, innombrables, sur leur tranche de craie pâle...

Et qu'est-ce encore, à mon doigt d'os, que tout ce talc d'usure et de sagesse, et tout cet attouchement des poudres du savoir ? comme aux fins de saison poussière et poudre de pollen, spores et sporules de lichen, un émiettement d'ailes de piérides, d'écailles aux volves des lactaires... toutes choses faveuses à la limite de l'infime, dépôts d'abîmes sur leurs fèces, limons et lies à bout d'avilissement — cendres et squames de l'esprit.

Ha! tout ce parfum tiède de lessive et de fomentation sous verre..., de terres blanches à sépulcre, de terres blanches à foulon et de terre de bruyère pour vieilles Serres Victoriennes..., toute cette fade exhalaison de soude et de falun, de pulpe blanche de coprah, et de sécherie d'algues sous leurs thalles au feutre gris des grands herbiers,

Ha! tout ce goût d'asile et de casbah, et cette pruine de vieillesse aux moulures de la pierre — sécheresse et supercherie d'autels, carie de grèves à corail, et l'infection soudaine, au loin, des grandes rames de calcaire aux trahisons de l'écliptique...

S'en aller! s'en aller! Parole de vivant!

5

... Eâ, dieu de l'abîme, ton bâillement n'est pas plus vaste.

Des civilisations s'en furent aux feux des glaces, avec la flamme des grands vins,
Et les aurores descendues des fêtes boréales, aux mains de l'habilleuse,
N'ont pas encore changé leur jeu de lingerie.
Nous coucherons ce soir les saisons mortes dans leurs robes de soirée, dans leurs dentelles de vieil or,
Et comme un chant d'oublies sur le pas des armées, au renversement des tables de Merveilleuses, de Gandins,
Notre stance est légère sur le charroi des ans!
Ne comptez pas sur moi pour les galas d'adieux des Malibran.
Qui se souvient encore des fêtes chez les hommes ? — les Pâlilies, les Panonies,
Christmas et Pâques et la Chandeleur, et le Thanksgiving Day...
Vous qui savez, rives futures, où résonneront nos pas,
Vous embaumez déjà la pierre nue et le varech des fonts nouveaux.
Les livres au fleuve, les lampes aux rues, j'ai mieux à faire sur nos toits de regarder monter l'orage.

Que si la source vient à manquer d'une plus haute connaissance,
L'on fasse coucher nue une femme seule sous les combles —
Là même où furent, par milliers, les livres tristes sur leurs claies comme servantes et filles de louage...

Là, qu'il y ait un lit de fer pour une femme nue, toutes baies ouvertes sur la nuit.

Femme très belle et chaste, agréée entre toutes femmes de la Ville

Pour son mutisme et pour sa grâce et pour sa chair irréprochable, infusée d'ambre et d'or aux approches de l'aine,

Femme odorante et seule avec la Nuit, comme jadis, sous la tuile de bronze,

Avec la lourde bête noire au front bouclé de fer, pour l'accointement du dieu,

Femme loisible au flair du Ciel et pour lui seul mettant à vif l'intimité vivante de son être...

Là qu'elle soit favorisée du songe favorable, comme flairée du dieu dont nous n'avons mémoire,

Et frappée de mutisme, au matin, qu'elle nous parle par signes et par intelligences du regard.

Et dans les signes du matin, à l'orient du ciel, qu'il y ait aussi un sens et une insinuation...

Ainsi quand l'Enchanteur, par les chemins et par les rues,

Va chez les hommes de son temps en habit du commun,

Et qu'il a dépouillé toute charge publique,

Homme très libre et de loisir, dans le sourire et la bonne grâce,

Le ciel pour lui tient son écart et sa version des choses.

Et c'est par un matin, peut-être, pareil à celui-ci,

Lorsque le ciel en Ouest est à l'image des grandes crues,

Qu'il prend conseil de ces menées nouvelles au lit du vent.

Et c'est conseil encore de force et de violence.

6

« Ivre, plus ivre, disais-tu, de renier l'ivresse... »
Un homme encore se lève dans le vent. Parole brève comme éclat d'os. Le pied déjà sur l'angle de sa course...

« Ah! oui, toutes choses descellées! Qu'on se le dise entre vivants!
« Aux bas quartiers surtout — la chose est d'importance.
« Et vous, qu'allez-vous faire, hommes nouveaux, des lourdes tresses dénouées au front de l'heure répudiée ?
« Ceux qui songeaient les songes dans les chambres se sont couchés hier soir de l'autre côté du Siècle, face aux lunes adverses.
« D'autres ont bu le vin nouveau dans les fontaines peintes au minium. Et de ceux-là nous fûmes. Et la tristesse que nous fûmes s'en aille au vin nouveau des hommes comme aux fêtes du vent!
« Fini le songe où s'émerveille l'attente du Songeur.
« Notre salut est dans la hâte et la résiliation. L'impatience est en tous lieux. Et par-dessus l'épaule du Songeur l'accusation de songe et d'inertie.

« Qu'on nous cherche aux confins les hommes de grand pouvoir, réduits par l'inaction au métier d'Enchanteurs.
« Hommes imprévisibles. Hommes assaillis du dieu. Hommes nourris au vin nouveau et comme percés d'éclairs.
« Nous avons mieux à faire de leur force et de leur œil occulte.

« Notre salut est avec eux dans la sagesse et dans l'intempérance. »

... Et la tristesse que nous fûmes s'en aille encore au vin des hommes!

Nous y levons face nouvelle, nous y lavons face nouvelle. Contractants et témoins s'engagent sur les fonts.

Et si un homme auprès de nous vient à manquer à son visage de vivant, qu'on lui tienne de force la face dans le vent!

Les dieux qui marchent dans le vent ne lèvent pas en vain le fouet.

Ils nous disaient — vous diront-ils ? — qu'un cent d'épées nouvelles s'avive au fil de l'heure.

Ils nous aiguiseront encore l'acte, à sa naissance, comme l'éclat de quartz ou d'obsidienne à la pointe des flèches.

« Divinités propices à l'éclosion des songes, ce n'est pas vous que j'interpelle, mais les Instigatrices ardentes et court-vêtues de l'action.

« Nous avançons mieux nos affaires par la violence et par l'intolérance.

« La condition des morts n'est point notre souci, ni celle du failli.

« L'intempérance est notre règle, l'acrimonie du sang notre bien-être.

« Et de grands livres pénétrés de la pensée du vent, où sont-ils donc ? Nous en ferions notre pâture.

« Notre maxime est la partialité, la sécession notre coutume. Et nous n'avons, ô dieux! que mésintelligences dans la place. »

Nos revendications furent extrêmes, à la frontière de l'humain.

Sifflez, faillis! Les vents sont forts! Et telle est bien notre prérogative.

Nous nous levons avec ce très grand cri de l'homme dans le vent

Et nous nous avançons, hommes vivants, pour réclamer notre bien en avance d'hoirie.

Qu'on se lève de partout avec nous! Qu'on nous donne, ô vivants, la plénitude de notre dû!

*

Ha! oui, toutes choses descellées, ha! oui, toutes choses lacérées! Et l'An qui passe, l'aile haute!...

C'est un envol de pailles et de plumes! une fraîcheur d'écume et de grésil dans la montée des signes! et la Ville basse vers la mer dans un émoi de feuilles blanches : libelles et mouettes de même vol.

L'impatience encore est de toutes parts. Et l'homme étrange, de tous côtés, lève la tête à tout cela : l'homme au brabant sur la terre noire, le cavalier en pays haut dans les polypes du ciel bas, et l'homme de mer en vue des passes, dans l'explosion de sa plus haute toile.

Le philosophe babouviste sort tête nue devant sa porte. Il voit la Ville, par trois fois, frappée du signe de l'éclair, et par trois fois la Ville, sous la foudre, comme au clair de l'épée, illuminée dans ses houillères et dans ses grands établissements portuaires — un golgotha d'ordure et de ferraille, sous le grand arbre vénéneux du ciel, portant son sceptre de ramures comme un vieux renne de Saga :

« Ô vous que rafraîchit l'orage..., fraîcheur et gage de fraîcheur...

« Repris aux dieux votre visage, au feu des forges votre éclat,

« Voici que vous logez de ce côté du Siècle où vous aviez vocation.

« Basse époque, sous l'éclair, que celle qui s'éteint là!

« Se hâter, se hâter! parole de vivants! Et vos aînés peut-être sur des civières seront-ils avec vous.

« Et ne voyez-vous pas, soudain, que tout nous vient à bas — toute la mâture et tout, le gréement avec la vergue, et toute la voile à même notre visage — comme un grand pan de croyance morte, comme un grand pan de robe vaine et de membrane fausse —

« Et qu'il est temps enfin de prendre la hache sur le pont ?... »

« Enlèvement de clôtures, de bornes! Semences et

barbes d'herbe nouvelle ! Et sur le cercle immense de la terre, apaisement au cœur du Novateur...

« Les grandes invasions doctrinales ne nous surprendront pas, qui tiennent les peuples sur leur angle comme l'écaille de la terre.

« Se hâter, se hâter ! l'angle croît !... Et dans l'acclamation des choses en croissance, n'y a-t-il pas pour nous le ton d'une modulation nouvelle ?

« Nous t'épierons, colchique d'or ! comme un chant de tuba dans la montée des cuivres.

« Et si l'homme de talent préfère la roseraie et le jeu de clavecin, il sera dévoré par les chiens. »

★

Au buffet d'orgues des passions, exulte, Maître du chant !

Et toi, Poète, ô contumace et quatre fois relaps, la face encore dans le vent, chante à l'antiphonaire des typhons :

... « Vous qui savez, rives futures, où s'éveilleront nos actes, et dans quelles chairs nouvelles se lèveront nos dieux, gardez-nous un lit pur de toute défaillance...

« Les vents sont forts ! les vents sont forts ! Écoute encore l'orage labourer dans les marbres du soir.

« Et toi, désir, qui vas chanter, sous l'étirement du rire et la morsure du plaisir, mesure encore l'espace réservé à l'irruption du chant.

« Les revendications de l'âme sur la chair sont extrêmes. Qu'elles nous tiennent en haleine ! Et qu'un mouvement très fort nous porte à nos limites, et au delà de nos limites !

« Enlèvement de clôtures, de bornes... Apaisement au cœur du Novateur... Et sur le cercle immense de la terre, un même cri des hommes dans le vent, comme un chant de tuba... Et l'inquiétude encore de toutes parts... Ô monde entier des choses... »

★

Maugréantes les mers sous l'étirement du soir, comme un tourment de bêtes onéreuses engorgées de leur lait.

Murmurantes les grèves, parmi l'herbe grainante, et tout ce grand mouvement des hommes vers l'action.

Et sur l'empire immense des vivants, parmi l'herbe des sables, cet autre mouvement plus vaste que notre âge!

... Jusqu'à ce point d'écart et de silence où le temps fait son nid dans un casque de fer — et trois feuilles errantes autour d'un osselet de Reine morte mènent leur dernière ronde.

... Jusqu'à ce point d'eaux mortes et d'oubli, en lieu d'asile et d'ambre, où l'Océan limpide lustre son herbe d'or parmi de saintes huiles — et le Poète tient son œil sur de plus pures laminaires.

7

... Eâ, dieu de l'abîme, les tentations du doute seraient promptes

Où vient à défaillir le Vent... Mais la brûlure de l'âme est la plus forte,

Et contre les sollicitations du doute, les exactions de l'âme sur la chair

Nous tiennent hors d'haleine, et l'aile du Vent soit avec nous!

Car au croisement des fiers attelages du malheur, pour tenir à son comble la plénitude de ce chant,

Ce n'est pas trop, Maître du chant, de tout ce bruit de l'âme —

Comme au grand jeu des timbres, entre le bol de bronze et les grands disques frémissants,

La teneur à son comble des grands essaims sauvages de l'amour.

« Je t'ai pesé, poète, et t'ai trouvé de peu de poids.

« Je t'ai louée, grandeur, et tu n'as point d'assise qui ne faille.

« L'odeur de forges mortes au matin empuantit les antres du génie.

« Les dieux lisibles désertaient la cendre de nos jours. Et l'amour sanglotait sur nos couches nocturnes.

« Ta main prompte, César, ne force au nid qu'une aile dérisoire.

« Couronne-toi, jeunesse, d'une feuille plus aiguë!

« Le Vent frappe à ta porte comme un Maître de camp,

« À ta porte timbrée du gantelet de fer.

« Et toi, douceur, qui vas mourir, couvre-toi la face de ta toge
« Et du parfum terrestre de nos mains... »

Le Vent s'accroisse sur nos grèves et sur la terre calcinée des songes !
Les hommes en foule sont passés sur la route des hommes,
Allant où vont les hommes, à leurs tombes. Et c'est au bruit
Des hautes narrations du large, sur ce sillage encore de splendeur vers l'Ouest, parmi la feuille noire et les glaives du soir...
Et moi j'ai dit : N'ouvre pas ton lit à la tristesse. Les dieux s'assemblent sur les sources,
Et c'est murmure encore de prodiges parmi les hautes narrations du large.

Comme on buvait aux fleuves incessants, hommes et bêtes confondus à l'avant-garde des convois,
Comme on tenait au feu des forges en plein air le long cri du métal sur son lit de luxure,
Je mènerai au lit du vent l'hydre vivace de ma force, je fréquenterai le lit du vent comme un vivier de force et de croissance.
Les dieux qui marchent dans le vent susciteront encore sur nos pas les accidents extraordinaires.

Et le poète encore est avec nous. Et c'est montée de choses incessantes dans les conseils du ciel en Ouest.
Un ordre de solennités nouvelles se compose au plus haut faîte de l'instant.
Et par là-bas mûrissent en Ouest les purs ferments d'une ombre prénatale — fraîcheur et gage de fraîcheur,
Et tout cela qu'un homme entend aux approches du soir, et dans les grandes cérémonies majeures où coule le sang d'un cheval noir...

S'en aller ! s'en aller ! Parole de vivant.

II

I

... Des terres neuves, par là-bas, dans un très haut parfum d'humus et de feuillages,

Des terres neuves, par là-bas, sous l'allongement des ombres les plus vastes de ce monde,

Toute la terre aux arbres, par là-bas, sur fond de vignes noires, comme une Bible d'ombre et de fraîcheur dans le déroulement des plus beaux textes de ce monde.

Et c'est naissance encore de prodiges, fraîcheur et source de fraîcheur au front de l'homme mémorable.

Et c'est un goût de choses antérieures, comme aux grands Titres préalables l'évocation des sources et des gloses,

Comme aux grands Livres de Mécènes les grandes pages liminaires — la dédicace au Prince, et l'Avant-dire, et le Propos du Préfacier.

... Des terres neuves, par là-haut, comme un parfum puissant de grandes femmes mûrissantes,

Des terres neuves, par là-haut, sous la montée des hommes de tout âge, chantant l'insigne mésalliance,

Toute la terre aux arbres, par là-haut, dans le balancement de ses plus beaux ombrages, ouvrant sa tresse la plus noire et l'ornement grandiose de sa plume, comme un parfum de chair nubile et forte au lit des plus beaux êtres de ce monde.

Et c'est une fraîcheur d'eaux libres et d'ombrages, pour la montée des hommes de tout âge, chantant l'insigne mésalliance,

Et c'est une fraîcheur de terres en bas âge, comme un

parfum des choses de toujours, de ce côté des choses de toujours,

Et comme un songe prénuptial où l'homme encore tient son rang, à la lisière d'un autre âge, interprétant la feuille noire et les arborescences du silence dans de plus vastes syllabaires.

Toute la terre nouvelle par là-haut, sous son blason d'orage, portant cimier de filles blondes et l'empennage du Sachem,

Toute la terre nubile et forte, au pas de l'Étranger, ouvrant sa fable de grandeur aux songes et fastes d'un autre âge,

Et la terre à longs traits, sur ses plus longues laisses, courant, de mer à mer, à de plus hautes écritures, dans le déroulement lointain des plus beaux textes de ce monde.

★

Là nous allions, la face en Ouest, au grondement des eaux nouvelles. Et c'est naissance encore de prodiges sur la terre des hommes. Et ce n'est pas assez de toutes vos bêtes peintes, Audubon! qu'il ne m'y faille encore mêler quelques espèces disparues : le Ramier migrateur, le Courlis boréal et le Grand Auk...

Là nous allions, de houle en houle, sur les degrés de l'Ouest. Et la nuit embaumait les sels noirs de la terre, dès la sortie des Villes vers les pailles, parmi la chair tavelée des femmes de plein air. Et les femmes étaient grandes, au goût de seigles et d'agrumes et de froment moulé à l'image de leur corps.

Et nous vous dérobions, ô filles, à la sortie des salles, ce mouvement encore du soir dans vos chevelures libres — tout ce parfum d'essence et de sécheresse, votre aura, comme une fulguration d'ailleurs... Et vos jambes étaient longues et telles qu'elles nous surprennent en songe, sur les sables, dans l'allongement des feux du soir... La nuit qui chante aux lamineries des Villes n'étire pas chiffre plus pur pour les ferronneries d'un très haut style.

Et qui donc a dormi cette nuit ? Les grands rapides sont passés, courant aux fosses d'un autre âge avec leur provision de glace pour cinq jours. Ils s'en allaient contre le vent, bandés de métal blanc, comme des athlètes vieillissants. Et tant d'avions les prirent en chasse, sur leurs cris!...

Les fleuves croissent dans leurs crues! Et la fusée des routes vers l'amont nous tienne hors de souffle!... Les Villes à sens unique tirent leur charge à bout de rues. Et c'est ruée encore de filles neuves à l'An neuf, portant, sous le nylon, l'amande fraîche de leur sexe.

Et c'est messages sur tous fils, et c'est merveilles sur toutes ondes. Et c'est d'un même mouvement à tout ce mouvement lié, que mon poème encore dans le vent, de ville en ville et fleuve en fleuve, court aux plus vastes houles de la terre, épouses elles-mêmes et filles d'autres houles...

2

... Plus loin, plus haut, où vont les hommes minces sur leur selle; plus loin, plus haut, où sont les bouches minces, lèvres closes.

La face en Ouest pour un long temps. Dans un très haut tumulte de terres en marche vers l'Ouest. Dans un déferlement sans fin de terres hautes à l'étale.

Et c'est fini, derrière nous, dans l'œil occulte qui nous suit, de voir monter le haut retable de la mer comme le grand Mur de pierre des Tragiques.

Et il y avait cette année-là, à vos portes de corne, tout ce parfum poignant de bêtes lourdes, mufle bas, sur les divinations errantes de la terre et la rumeur croissante des conques souterraines.

L'Hiver crépu comme Caïn, créant ses mots de fer, règne aux étendues bleues vêtues d'écailles immortelles,

Et la terre à son comble, portant tribut d'États nouveaux, assemble, d'aire en aire, ses grands quartiers de bronze vert où s'inscrivent nos lois.

Et par là, c'est le Vent!... Qu'il erre aux purs lointains givrés des poudres de l'esprit :

Partout où l'arbre Juniper aiguise sa flamme de sel noir, partout où l'homme sans mesure songe à lever pierre nouvelle;

En lieux jonchés de lances et de navettes d'os, en lieux jonchés de sabots morts et de rognures d'ailes;

Jusqu'à ces hauts récifs de chênes et d'érables, gardés par les chevaux de frise des sapins morts,

Jusqu'à ces lourds barrages pris de gel, où l'An qui passe, l'autre automne, tenait encore si haute école de déclamation;

Sur les glacis et sur les rampes et tous ces grands versants offerts au vent qui passe, comme un arroi de lances à l'arrêt,

Sur tout ce hérissement de fer aux chevaleries du sol et tout ce ban de forces criant l'host, sur toute cette grande chronique d'armes par là-bas

Et ces grandes proses hivernales, qui sont aux laines du Vieux Monde la louveterie du Nouveau Monde...

De grandes œuvres à façon, de grandes œuvres, durement, se composent-elles aux antres de l'An neuf ?

Et l'Hiver sous l'auvent nous forge-t-il sa clef de grâce ?

« ... Hiver bouclé comme un bison, Hiver crispé comme la mousse de crin blanc,

« Hiver aux puits d'arsenic rouge, aux poches d'huile et de bitume,

« Hiver au goût de skunk et de carabe et de fumée de bois de hickory,

« Hiver aux prismes et cristaux dans les carrefours de diamant noir,

« Hiver sans thyrses ni flambeaux, Hiver sans roses ni piscines,

« Hiver ! Hiver ! tes pommes de cèdre de vieux fer ! tes fruits de pierre ! tes insectes de cuivre !

« Tant de vers blancs d'onyx, et d'ongles forts, et de tambours de corne où vit la pieuvre du savoir,

« Hiver sans chair et sans muqueuse, pour qui toute fraîcheur gît au corps de la femme... »

Et la terre ancillaire, mise à nu, refait au Ciel d'hiver le lit de sa servante.

Et vous pouvez, ô Nuit, chanter les eaux nouvelles dans le grès et dans les auges de bois rouge !

Voici les baies de laque rose et le corail des sorbes, pour vos noces indiennes,

Et le fruit cramoisi d'un sumac cher aux poules de bruyère...

« ... Hiver bouclé comme un traitant et comme un reître, vieux soldat de métier à la solde des prêtres,

« Hiver couleur de vieilles migrations célestes, et de pelleteries errantes sur la terre des forts,

« Hiver en nous radieux et fort ! Hiver, Hiver, dans la splendeur des haches et l'obscurcissement des socs !

« Hiver, Hiver, au feu des forges de l'An noir ! Délivre-nous d'un conte de douceur et des timbales fraîches de l'enfance sous la buée du songe.

« Enseigne-nous le mot de fer, et le silence du savoir comme le sel des âges à la suture des grands vaisseaux de fonte oubliés du fondeur... »

Au seuil d'un grand pays nouveau sans titre ni devise, au seuil d'un grand pays de bronze vert sans dédicace ni millésime,

Levant un doigt de chair dans la ruée du vent, j'interroge, Puissance ! Et toi, fais attention que ma demande n'est pas usuelle.

Car l'exigence en nous fut grande, et tout usage révoqué — comme à la porte du poète la sollicitation de quelque mètre antique, alcaïque ou scazon.

Et mon visage encore est dans le vent. Avec l'avide de sa flamme, avec le rouge de son vin !... Qu'on se lève avec nous aux forceries du vent ! Qu'on nous donne, ô vivants ! la plénitude de notre dû...

Je t'interroge, plénitude ! — Et c'est un tel mutisme...

3

... De hautes pierres dans le vent occuperaient encore mon silence. — Les migrations d'oiseaux s'en sont allées par le travers du Siècle, tirant à d'autres cycles leurs grands triangles disloqués. Et c'est milliers de verstes à leur guise, dans la dérivation du ciel en fuite comme une fonte de banquises.

Aller! où vont toutes bêtes déliées, dans un très grand tourment de l'aile et de la corne... Aller! où vont les cygnes violents, aux yeux de femmes et de murènes...

Plus bas, plus bas, où les vents tièdes essaiment, à longues tresses, au fil des mousses aériennes... Et l'aile en chasse par le monde fouette une somme plus mobile dans de plus larges mailles, et plus lâches...

Je te connais, ô Sud pareil au lit des fleuves infatués, et l'impatience de ta vigne au flanc des vierges cariées. On ne fréquente pas sans s'infecter la couche du divin; et ton ciel est pareil à la colère poétique, dans les délices et l'ordure de la création.

Je sais qu'au fond des golfes assouvis, comme des fins d'Empires, la charge mâle du désir fait osciller la table des eaux libres,

Et j'abîmerai ma face de plaisir dans ces dénivellements plus vastes qu'il n'en règne aux rampes vertes des rapides — lividités en marche vers l'abîme et ses torsions d'aloès...

La mer solde ses monstres sur les marchés déserts accablés de méduses. Vente aux feux des enchères et sur licitation! Toute la somme d'ambre gris, comme un corps de doctrine!

C'est la mer de Colomb à la criée publique, vieilles

cuirasses et verrières — un beau tumulte d'exorcisme! — et la grande rose catholique hors de ses plombs pour l'antiquaire.

Ah! qu'une aube nouvelle s'émerveille demain dans de plus vertes gemmes, ce n'est pas moi qui raviverai l'épine au cœur des saisons mortes.

La face fouettée d'autres enseignes, se lèvent, à leur nom, les hommes tard venus de ce côté des grandes eaux. Douces au pas du Novateur seront ces boues actives, ces limons fins où s'exténue l'extrême usure reconquise.

Et du pays des bûcherons descendent les fleuves sous leurs bulles, la bouche pleine de limaille et de renouée sauvage.

Et la beauté des bulles en dérive sur les grands Livres du Déluge n'échappe pas aux riverains. Mais de plus hautes crues en marche vers le large descendent, rang sur rang, les degrés de mon chant — au bruit des grandes évacuations d'œuvres mortes de ce siècle...

4

... Guidez, ô chances, vers l'eau verte les grandes îles alluviales arrachées à leur fange! Elles sont pétries d'herbage, de gluten; tressées de lianes à crotales et de reptiles en fleurs. Elles nourrissaient à leurs gluaux la poix d'un singulier idiome.

Coiffées de chouettes à présages, aimantées par l'œil noir du Serpent, qu'elles s'en aillent, au mouvement des choses de ce monde, ah! vers les peuplements de palmes, vers les mangles, les vases et les évasements d'estuaires en eau libre,

Qu'elles descendent, tertres sacrés, au bas du ciel couleur d'anthrax et de sanie, avec les fleuves sous leurs bulles tirant leur charge d'affluents, tirant leur chaîne de membranes et d'anses et de grandes poches placentaires — toute la treille de leurs sources et le grand arbre capillaire jusqu'en ses prolongements de veines, de veinules...

Des essaims passent en sifflant, affranchis de la ruche — une mitraille d'insectes durs comme de la corne!... Anguilles aux berges se frayeront leurs routes de spirilles...

Et l'Oiseau Anhinga, la dinde d'eau des fables, dont l'existence n'est point fable, dont la présence m'est délice et ravissement de vivre — et c'est assez pour moi qu'il vive —

À quelle page encore de prodiges, sur quelles tables d'eaux rousses et de rosettes blanches, aux chambres d'or des grands sauriens, apposera-t-il ce soir l'absurde paraphe de son col ?

★

Présages en marche. Vent du Sud. Et grand mépris des chiffres sur la terre! « Un vent du Sud s'élèvera... » C'est assez dire, ô Puritaines, et qu'on m'entende : tout le lait de la femme s'égarera-t-il encore aux lianes du désir ?

Les plus beaux arbres de la terre léguant leurs feuilles dans le vent sont mis à nu hors de saison. La vie dans ses ruptures de volves se rit des avortements de bêtes en forêt. Et l'on a vu, et l'on a vu — et ce n'est pas que l'on n'en ait souci —

Ces vols d'insectes par nuées qui s'en allaient se perdre au large comme des morceaux de textes saints, comme des lambeaux de prophéties errantes et des récitations de généalogistes, de psalmistes... On leur a dit, on leur a dit — ah! que ne leur disait-on pas ? — qu'ils s'allaient perdre sur les mers, et qu'il fallait virer de bord; on leur criait, on leur criait — ah! que ne leur criait-on pas ? — qu'ils s'en revinssent, ah! s'en revinssent parmi nous... Mais non! ils s'en allaient plutôt par là, où c'est se perdre avec le vent! (Et qu'y pouvions-nous faire ?)

Les migrations de crabes sur la terre, l'écume aux lèvres et la clé haute, prennent par le travers des vieilles Plantations côtières enclouées pour l'hiver comme des batteries de Fédéraux. Les blattes brunes sont dans les chambres de musique et la réserve à grain; les serpents noirs lovés sur la fraîcheur des lins, aux buanderies de camphre et de cyprès.

Et nul n'a vu s'enfuir les Belles, des hautes demeures à colonnes, ni leurs sœurs alezanes dans leur beau jeu d'écume et de gourmettes. Mais sur la terre rouge et or de la création, ah! sur la terre de vin rose, couleur de pousses de manguiers roses, n'ai-je pas vu,

Ivre d'éthyle et de résine dans la mêlée des feuilles de tout âge — comme au rucher de sa parole, parmi le peuple de ses mots, l'homme de langage aux prises avec l'embûche de son dieu — n'ai-je pas vu le Voyageur d'antan chanceler et tituber sur la chaussée de mangues roses et vertes — ou jaune-feu moucheté de noir — parmi le million de fruits de cuir et d'amadou, d'amandes monstrueuses et de coques de bois dur vidant leurs fèves minces et leurs lentilles rondes, comme menuaille de fétiches ?...

★

Ô toi qui reviendras, sur les derniers roulements d'orage, dans la mémoire honnie des roses et la douceur sauvage de toutes choses reniées, qu'as-tu donc foulé là, sur les grands lits d'ébène et de burgau, de chair radieuse encore entre toutes chairs humaines, périssable ?

Les vents peut-être enlèveront-ils, avec nos Belles d'une nuit, la fraîche demeure de guipure blanche aux ferronneries d'argent, et tous ses lustres à verrines et toutes ses malles de famille, les robes du soir dans les penderies, et les papiers de l'Étranger...

Nos bêtes alors, toutes sellées, s'irriteront de l'ongle et du sabot au bruit d'écaille et d'os des vieilles terrasses de brique rose. Et cela est bien vrai, j'en atteste le vrai. L'ulcère noir grandit au fond des parcs où fut le lit d'été des Belles... Quelques passes d'armes encore, au bas du ciel d'orage, éclairent à prix d'or les dernières palpitations d'alcôves, en Ouest... Et que l'Aigle pêcheur, dans tout ce bel émoi, vienne à lâcher sa proie sur la piscine de vos filles, c'est démesure encore et mauvais goût dans la chronique du poète. — S'en aller! s'en aller! Parole du Prodigue.

5

Ainsi dans le foisonnement du dieu, l'homme lui-même foisonnant... Ainsi dans la dépravation du dieu, l'homme lui-même forlignant... Homme à la bête. Homme à la conque. Homme à la lampe souterraine.

Et il y a là encore matière à suspicion... Et comme un homme né au battement d'ailes sauvages sur les grèves, lui faudra-t-il toujours fêter l'arrachement nouveau ?

Aux pays du limon où cède toute chair, la femme à ses polypes, la terre à ses fibromes, c'était tout un charroi de vases dénouées, comme de linges d'avorteuses.

Les roses noires des Cantatrices descendaient au matin les fleuves souillés d'aube, dans les rousseurs d'alcools et d'opiums. Et les ferronneries de Veuves, sur les patios déserts, haussaient en vain contre le temps leur herse de corail blanc. « De tout j'ai grande lassitude... » Nous connaissons l'antienne. Elle est du Sud...

Ah! qu'on m'éteigne, ah! qu'on m'éteigne aux lames des persiennes ces grands bonheurs en peine, sur cour et sur jardin, ces grandes clartés d'ailleurs, où toute palme offerte est déjà lourde de son ombre.

(Et l'Émissaire nous trahit dans l'instant même du message. Et qu'est-ce là qui m'est ravi, dans ce renversement soudain des camphriers en fleurs — lingeries froissées à tous les souffles ?... Et l'alizé vient à manquer, dans les salons déserts, aux gouffres de tulle des croisées...)

Un goût de tubéreuse noire et de chapelle ardente fait se cabrer la bête au passage des fêtes. L'ombre monte ses masques et ses fougères redoutables dans les chambres d'albâtre.

Et la Mort qui songeait dans la beauté des femmes aux terrasses, avivera ce soir d'un singulier éclat l'étoile au front de l'Étrangère, qui descend seule, après minuit, la nuit royale des sous-sols vers la piscine de turquoise illuminée d'azur.

Ah! oui, que d'autres zestes nous trahissent dans nos boissons de limons verts; d'autres essences dans nos songes, sur les galeries d'attente des aéroports! Et vous tiendrez plus forte, ô vents! la torche rouge du réveil.

Avertissement du dieu! Aversion du dieu!... Aigle sur la tête du dormeur. Et l'infection dans tous nos mets... J'y aviserai. — La face encore en Ouest! au sifflement de l'aile et du métal! Avec ce goût d'essence sur les lèvres... Avec ce goût poreux de l'âme, sur la langue, comme d'une piastre d'argile...

C'est de pierre aujourd'hui qu'il s'agit, et de combler, d'un seul tenant, l'espace de pierre entre deux mers, le temps de pierre entre deux siècles. — Laisse peser, à fond de toile, sous le gruau des pluies,

Le fleuve gras qui trait, en son milieu, toute la fonte d'un pays bas, comme aux plus basses lunaisons, sous la pesée du ciel gravide, toute l'entraille femelle hors de ses trompes, de ses cornets et de ses conques...

Nos routes dures sont en Ouest, où court la pierre à son afflux. S'émacier, s'émacier jusqu'à l'os! à bout de vol et d'acier fin, à bout d'antennes et de rémiges, vers ce pays de pierre et d'os où j'ai mes titres et créances.

Là vont toutes choses s'élimant, parmi les peuplements d'oponces, d'aloès, et tant de plantes à plumules; parmi l'orage magnétique, peignant au soufre de trois couleurs l'exhalaison soudaine d'un monde de stupeur.

Un peuple encore se lèvera-t-il dans les vergers de cuivre rouge ? Les vallées mortes, à grands cris, s'éveillent dans les gorges, s'éveillent et fument à nouveau sur leurs lits de shamans!

Les vents sentent les feux sur d'invisibles seuils. Le porche d'argile est sans vantail, la cruche suspendue dans les fauveries du soir... Moins poreuse l'argile aux flancs des filles de grand hâle, assouvies de sécheresse.

C'est par là-haut qu'il faut chercher les dernières chances d'une ascèse. La face libre jusqu'à l'os, la bouche au dur bâillon du vent, et du front nu pesant au cuir de fronde des rafales comme à la sangle du haleur,

Nous remonterons l'âpre coulée de pierre dans un broiement d'élytres, de coraux. Nous y chercherons nos failles et fissures. Là où l'entaille fait défaut, que nous ravisse l'aplomb lui-même, sur son angle!

Et nous coucherons ce soir nos visions princières sur la coutellerie de pierre du paria... Sur les hauts-fonds de pâte mauve entachés de sclérose, c'est un bilan de cornes, de bucrânes, dragués par les vents crus.

Les Cavaliers sur les mesas, foulant la poterie des morts et les squelettes de brebis roses, consument en plein ciel un lieu de poudres et d'esquilles... Une aigle d'armorial s'élève dans le vent.

6

... Et du mal des ardents tout un pays gagné, avant le soir, s'avance dans le temps à la rencontre des lunes rougissantes. Et l'An qui passe sur les cimes... ah! qu'on m'en dise le mobile! J'entends croître les os d'un nouvel âge de la terre.

Souvenirs, souvenirs! qu'il en soit fait de vous comme des songes du Songeur à la sortie des eaux nocturnes. Et que nous soient les jours vécus comme visages d'innommés. L'homme paisse son ombre sur les versants de grande transhumance!...

Les vents sont forts! la chair est brève!... Aux crêtes lisérées d'ors et de feux dans les lancinations du soir, aux crêtes ciliées d'aiguilles lumineuses, parmi d'étranges radiolaires,

N'est-ce toi-même tressaillant dans de plus pures espèces, avec cela d'immense et de puéril qui nous ouvre sa chance?... Je veille. J'aviserai. Et il y a là encore matière à suspicion... Qu'on m'enseigne le ton d'une modulation nouvelle!

Et vous pouvez me dire : Où avez-vous pris cela? — Textes reçus en langage clair! versions données sur deux versants!... Toi-même stèle et pierre d'angle!... Et pour des fourvoiements nouveaux, je t'appelle en litige sur ta chaise dièdre,

Ô Poète, ô bilingue, entre toutes choses bisaiguës, et toi-même litige entre toutes choses litigieuses — homme assailli du dieu! homme parlant dans l'équivoque!... ah! comme un homme fourvoyé dans une mêlée d'ailes et de ronces, parmi des noces de busaigles!

Et toi, Soleil d'en bas, férocité de l'Être sans paupière, tiens ton œil de puma dans tout ce pain de pierrerie!... Hasardeuse l'entreprise où j'ai mené la course de ce chant... Et il y a là encore matière à suspicion. Mais le Vent, ah! le Vent! sa force est sans dessein et d'elle-même éprise.

Nous passons, et nos ombres... De grandes œuvres, feuille à feuille, de grandes œuvres en silence se composent aux gîtes du futur, dans les blancheurs d'aveugles couvaisons. Là nous prenons nos écritures nouvelles, aux feuilles jointes des grands schistes...

Et au delà sont les craies vives de vigie, les hautes tranches à grands cris abominant la nuit; et les figurations en marche sur les cimes, parmi la cécité des choses; et les pierres blanches immobiles face aux haches ardentes.

Et les terres rouges prophétisent sur la coutellerie du pauvre. Et les textes sont donnés sur la terre sigillée. Et cela est bien vrai, j'en atteste le vrai. Et vous pouvez me dire : Où avez-vous vu cela ?... Plus d'un masque s'accroît au front des hauts calcaires éblouis de présence.

III

I

Des hommes dans le temps ont eu cette façon de tenir face au vent :

Chercheurs de routes et d'eaux libres, forceurs de pistes en Ouest, par les cañons et par les gorges et les raillères chargées d'ans — Commentateurs de chartes et de bulles, Capitaines de corvée et Légats d'aventure, qui négociaient au prix du fer les hautes passes insoumises, et ces gisements au loin de mers nouvelles en plein ciel, dans leur mortier de pierre pâle, comme une lactation en songe de grandes euphorbes sous la meule...

Et par là-bas s'en furent, au bruit d'élytres de la terre, les grands Itinérants du songe et de l'action : les Interlocuteurs avides de lointains et les Dénonciateurs d'abîmes mugissants, grands Interpellateurs de cimes en exil et Disputeurs de chances aux confins, qui sur les plaines bleuissantes menaient un œil longtemps froncé par l'anneau des lunettes.

Et la terre oscillait sur les hauts plans du large, comme aux bassins de cuivre d'invisibles balances,

Et c'était de toutes parts, dans une effloraison terrestre, toute une fraîcheur nouvelle de Grandes Indes exondées, et comme un souffle de promesses à l'ouverture de grands Legs — dotations à fonds perdu et fondations de sinécures, institution de majorats pour filles nobles de grands poètes vieillissants...

Les Cavaliers sous le morion, greffés à leur monture, montaient, au grincement du cuir, parmi les ronces d'autre race... La barbe sur l'épaule et l'arme de profil, ils s'arrêtaient parfois à mesurer, sur les gradins de pierre, la haute crue de terres en plein ciel succédant derrière eux à la montée des eaux. Ou bien, la tête haute, entourés de moraines, ils éprouvaient de l'œil et de la voix l'impasse silencieuse, à fond de cirque, comme aux visions grandioses du dormeur l'immense mur de pierre, à fond d'abîme, scellé d'un mufle de stupeur et d'un anneau de bronze noir.

Et les mers étaient vastes, aux degrés de leur songe, dont ils perdaient un jour mémoire sur les plus hautes marches.

Et d'avoir trop longtemps, aux côtes basses, dans les criques, écouté sous la pluie l'ennui trouer la vase des vasières, et d'avoir trop longtemps, au lit des fleuves équivoques, poussé comme blasphèmes leurs coques lourdes d'algues, et leurs montures, de sangsues, ils émergeaient, la lèvre haute au croc du rire, dans les trouées de fièvre du ciel bleu, fouettés d'alcools et de grand vent.

Et comme les pluies étaient légères sui ces pentes, moins promptes à prendre le hâle y furent les armes offertes au spectre de la terre : une lignée de lances pures et d'épées chastes y tinrent veillée d'âmes à l'insu de leurs maîtres... Mais la chair étrangère hantait d'un goût d'orange et d'amanite ces hommes nés, aux Chrétientés, de chair plus blonde que chair d'alberges ou de pavies... Fils de la femme en toutes chairs! ô pas de l'homme, d'âge en âge, sur toutes menthes de la terre!... Où furent ces hommes sous le fer, où furent ces hommes dans le vent, montant, au pas des bêtes, avec le spectre de la terre,

les grands itinéraires encore s'illuminent au revers de l'esprit, comme traces de l'ongle au vif des plats d'argent.

2

... Des hommes encore, dans le vent, ont eu cette façon de vivre et de gravir.

Des hommes de fortune menant, en pays neuf, leurs yeux fertiles comme des fleuves.

Mais leur enquête ne fut que de richesses et de titres... Les buses sur les cols, prises aux courbes de leur vol, élargissaient le cirque et la mesure de l'avoir humain. Et le loisir encore, riche d'ombres, étendait ses audiences au bord des campements. La nuit des sources hébergeait l'argenterie des Vice-Rois...

Et puis vinrent les hommes d'échange et de négoce. Les hommes de grand parcours gantés de buffle pour l'abus. Et tous les hommes de justice, assembleurs de police et leveurs de milices. Les Gouverneurs en violet prune avec leurs filles de chair rousse au parfum de furet.

Et puis les gens de Papauté en quête de grands Vicariats; les Chapelains en selle et qui rêvaient, le soir venu, de beaux diocèses jaune paille aux hémicycles de pierre rose :

« Çà! nous rêvions, parmi ces dieux camus! Qu'un bref d'Église nous ordonne tout ce chaos de pierre mâle, comme chantier de grandes orgues à reprendre! et le vent des Sierras n'empruntera plus aux lèvres des cavernes, pour d'inquiétants grimoires, ces nuées d'oiseaux-rats qu'on voit flotter avant la nuit comme mémoires d'alchimistes... »

S'en vinrent aussi les grands Réformateurs — souliers carrés et talons bas, chapeau sans boucle ni satin, et la cape de pli droit aux escaliers du port :

« Qu'on nous ménage, sur deux mers, les baies nouvelles pour nos fils, et, pour nos filles de front droit aux tresses nouées contre le mal, des villes claires aux rues droites ouvertes au pas du juste... »

Et après eux s'en vinrent les grands Protestataires — objecteurs et ligueurs, dissidents et rebelles, doctrinaires de toute aile et de toute séquelle; précurseurs, extrémistes et censeurs — gens de péril et gens d'exil, et tous bannis du songe des humains sur les chemins de la plus vaste mer : les évadés des grands séismes, les oubliés des grands naufrages et les transfuges du bonheur, laissant aux portes du légiste, comme un paquet de hardes, le statut de leurs biens, et sous leur nom d'emprunt errant avec douceur dans les grands Titres de l'Absence...

Et avec eux aussi les hommes de lubie — sectateurs, Adamites, mesmériens et spirites, ophiolâtres et sourciers... Et quelques hommes encore sans dessein — de ceux-là qui conversent avec l'écureuil gris et la grenouille d'arbre, avec la bête sans licol et l'arbre sans usage :

« Ah! qu'on nous laisse, négligeables, à notre peu de hâte. Et charge à d'autres, ô servants, d'agiter le futur dans ses cosses de fer... »

Enfin les hommes de science — physiciens, pétrographes et chimistes : flaireurs de houilles et de naphtes, grands scrutateurs des rides de la terre et déchiffreurs de signes en bas âge; lecteurs de purs cartouches dans les tambours de pierre, et, plus qu'aux placers vides où gît l'écaille d'un beau songe, dans les graphites et dans l'urane cherchant le minuit d'or où secouer la torche du pirate, comme les détrousseurs de Rois aux chambres basses du Pharaon.

... Et voici d'un autre âge, ô Confesseurs terrestres — Et c'est un temps d'étrange confusion, lorsque les grands aventuriers de l'âme sollicitent en vain le pas sur les puissances de matière. Et voici bien d'un autre schisme, ô dissidents!...

« Car notre quête n'est plus de cuivres ni d'or vierge, n'est plus de houilles ni de naphtes, mais comme aux bouges de la vie le germe même sous sa crosse, et comme aux antres du Voyant le timbre même sous l'éclair, nous cherchons, dans l'amande et l'ovule et le noyau d'espèces nouvelles, au foyer de la force l'étincelle même de son cri!... »

Et l'ausculteur du Prince défaille sur son ouïe — comme le visionnaire au seuil de sa vision; comme aux galeries du Monstre le chasseur; comme l'Orientaliste sur sa page de laque noire, aux clés magiques du colophon.

Soleil à naître! cri du Roi!... Capitaine et Régent aux commanderies des Marches!

Tiens bien ta bête frémissante contre la première ruée barbare... Je serai là des tout premiers pour l'irruption du dieu nouveau...

Aux porcheries du soir vont s'élancer les torches d'un singulier destin!

3

Et déjà d'autres forces s'irritent sous nos pas, au pur solstice de la pierre : dans le métal et dans les sels nouvellement nommés, dans la substance émerveillée où vont les chiffres défrayant une ardente chronique.

« Je t'insulte, matière, illuminée d'onagres et de vierges : en toutes fosses de splendeur, en toutes châsses de ténèbre où le silence tend ses pièges.

« Ce sont noces d'hiver au feu des glaives de l'esprit, au feu des grandes roses de diamant noir, comme lances de gel au foyer des lentilles, comme au tranchant du verre décharge d'aubes nouvelles :

« Crépitant au croisement de toutes répliques lumineuses, et brûlant tous alliages dans l'indicible bleu lavande d'une essence future! »

Chevaleries errantes par le monde à nos confins de pierre, ô déités en marche sous le heaume et le masque de fer, en quelles lices tenez-vous vos singuliers exploits ?

Dans les grands tomes du Basalte et les Capitulaires de l'An noir, cherchez, manants, qui légifère!

Nous y trouvons nos tables et calculs pour des égarements nouveaux. Et c'est Midi déjà sur l'échiquier des sciences, au pur dédale de l'erreur illuminé comme un sanctuaire.

(Si loin, si loin sur l'autre rive, si loin déjà, dans vos récits de guerre, les grands taillis de force où montait l'astre de nos songes...)

Et le Monstre qui rôde au corral de sa gloire, l'Œil magnétique en chasse parmi d'imprévisibles angles, menant un silencieux tonnerre dans la mémoire brisée des quartz,

Au pas précipité du drame tire plus loin le pas de l'homme, pris au lancer de son propre lasso :

Homme à l'ampoule, homme à l'antenne, homme chargé des chaînes du savoir — crêté de foudres et d'aigrettes sous le délice de l'éclair, et lui-même tout éclair dans sa fulguration.

Que son visage s'envenime au pire scandale de l'histoire!... Et c'est bien autre exil, ô fêtes à venir! dans l'élargissement de la pâque publique et la tristesse des grands thèmes de laïcité.

... L'oreille aux sources d'un seul être, l'oreille aux sistres d'un seul âge, écoute, radieux, la grande nuit de pierre lacérée de prodiges. L'insulte et la menace en toutes langues nous répondent...

« Tu te révéleras! chiffre nouveau : dans les diagrammes de la pierre et les indices de l'atome;

« Aux grandes tables interdites où plus fugaces vont les signes; dans les miroirs lointains où glisse la face de l'Errant — face d'hélianthe qui ne cille;

« Aux longues rampes de fureur où courent d'autres attelages, sous les rafales de douceur et la promesse haut tenue d'un immense loisir... »

★

— Et l'Exterminateur au gîte de sa veille, dans les austérités du songe et de la pierre, l'Être muré dans sa prudence au nœud des forces inédites, mûrissant en ses causses un extraordinaire génie de violence,

Contemple, face à face, le sceau de sa puissance, comme un grand souci d'or aux mains de l'Officiant.

4

... Mais c'est de l'homme qu'il s'agit! Et de l'homme lui-même quand donc sera-t-il question ? — Quelqu'un au monde élèvera-t-il la voix ?

Car c'est de l'homme qu'il s'agit, dans sa présence humaine; et d'un agrandissement de l'œil aux plus hautes mers intérieures.

Se hâter! se hâter! témoignage pour l'homme!

★

... Et le Poète lui-même sort de ses chambres millénaires :

Avec la guêpe terrière et l'Hôte occulte de ses nuits,

Avec son peuple de servants, avec son peuple de suivants —

Le Puisatier et l'Astrologue, le Bûcheron et le Saunier,

Le Savetier, le Financier, les Animaux malades de la peste,

L'Alouette et ses petits et le Maître du champ, et le Lion amoureux, et le Singe montreur de lanterne magique.

... Avec tous hommes de patience, avec tous hommes de sourire,

Les éleveurs de bêtes de grand fond et les navigateurs de nappes souterraines,

Les assembleurs d'images dans les grottes et les sculpteurs de vulves à fond de cryptes,

Les grands illuminés du sel et de la houille, ivres

d'attente et d'aube dans les mines; et les joueurs d'accordéon dans les chaufferies et dans les soutes;

Les enchanteurs de bouges prophétiques, et les meneurs secrets de foules à venir, les signataires en chambre de chartes révolutionnaires,

Et les animateurs insoupçonnés de la jeunesse, instigateurs d'écrits nouveaux et nourriciers au loin de visions stimulantes.

... Avec tous hommes de douceur, avec tous hommes de sourire sur les chemins de la tristesse,

Les tatoueurs de Reines en exil et les berceurs de singes moribonds dans les bas-fonds de grands hôtels,

Les radiologues casqués de plomb au bord des lits de fiançailles,

Et les pêcheurs d'éponges en eaux vertes, frôleurs de marbres filles et de bronzes latins,

Les raconteurs d'histoires en forêt parmi leur audience de chanterelles, de bolets, les siffloteurs de « blues » dans les usines secrètes de guerre et les laboratoires,

Et le magasinier des baraquements polaires, en chaussons de castor, gardien des lampes d'hivernage et lecteur de gazettes au soleil de minuit.

... Avec tous hommes de douceur, avec tous hommes de patience aux chantiers de l'erreur,

Les ingénieurs en balistique, escamoteurs sous roche de basiliques à coupoles,

Les manipulateurs de fiches et manettes aux belles tables de marbre blanc, les vérificateurs de poudres et d'artifices, et correcteurs de chartes d'aviation,

Le Mathématicien en quête d'une issue au bout de ses galeries de glaces, et l'Algébriste au nœud de ses chevaux de frise; les redresseurs de torts célestes, les opticiens en cave et philosophes polisseurs de verres,

Tous hommes d'abîme et de grand large, et les aveugles de grandes orgues, et les pilotes de grande erre, les grands Ascètes épineux dans leur bogue de lumière,

Et le Contemplateur nocturne, à bout de fil, comme l'épeire fasciée.

... Avec son peuple de servants, avec son peuple de

suivants, et tout son train de hardes dans le vent, ô sourire, ô douceur,

Le Poète lui-même à la coupée du Siècle!

— Accueil sur la chaussée des hommes, et le vent à cent lieues courbant l'herbe nouvelle.

★

Car c'est de l'homme qu'il s'agit, et de son renouement.

Quelqu'un au monde n'élèvera-t-il la voix ? Témoignage pour l'homme...

Que le Poète se fasse entendre, et qu'il dirige le jugement!

5

« Je t'ignore, litige. Et mon avis est que l'on vive!
« Avec la torche dans le vent, avec la flamme dans le vent,
« Et que tous hommes, en nous, si bien s'y mêlent et s'y consument,
« Qu'à telle torche grandissante s'allume en nous plus de clarté...

« Irritable la chair où le prurit de l'âme nous tient encore rebelles!
« Et c'est un temps de haute fortune, lorsque les grands aventuriers de l'âme sollicitent le pas sur la chaussée des hommes,
« Interrogeant la terre entière sur son aire, pour connaître le sens de ce très grand désordre — interrogeant
« Le lit, les eaux du ciel et les relais du fleuve d'ombre sur la terre — peut-être même s'irritant de n'avoir pas réponse...

« Et d'embrasser un tel accomplissement des choses hors de tes rives, rectitude,
« Qu'ils n'aillent point dire : tristesse..., s'y plaisant — dire : tristesse..., s'y logeant, comme aux ruelles de l'amour.
« Interdiction d'en vivre! Interdiction faite au poète, faite aux fileuses de mémoire. Plutôt l'aiguille d'or au grésillement de la rétine!
« Brouille-toi, vision, où s'entêtait l'homme de raison... Le Chasseur en montagne cousait d'épines sau-

vages les paupières de l'appelant. Nos Vierges henniront aux portes du Sophiste.

« Et comme un homme frappé d'aphasie en cours de voyage, du fait d'un grand orage, est par la foudre même mis sur la voie des songes véridiques,

« Je te chercherai, sourire, qui nous conduise un soir de Mai mieux que l'enfance irréfutable.

« Ou comme l'Initié, aux fêtes closes de la mi-nuit, qui entend tout à coup céder le haut vantail de cèdre à la ruée du vent — et toutes torches renversées, dans la dispersion des tables rituelles s'aventurent ses pas, et le filet du dieu d'en bas s'est abattu sur lui, et de toutes parts l'aile multiple de l'erreur, s'affolant comme un sphex, lui démêle mieux sa voie —

« Je te licencierai, logique, où s'estropiaient nos bêtes à l'entrave.

« Aux porches où nous levons la torche rougeoyante, aux antres où plonge notre vue, comme le bras nu des femmes, jusqu'à l'aisselle, dans les vaisseaux de grain d'offrande et la fraîcheur sacrée des jarres,

« C'est une promesse semée d'yeux comme il n'en fut aux hommes jamais faite,

« Et la maturation, soudain, d'un autre monde au plein midi de notre nuit...

« Tout l'or en fèves de vos Banques, aux celliers de l'État, n'achèterait point l'usage d'un tel fonds.

« Au fronton de nos veilles soient vingt figures nouvelles arrachées à l'ennui, comme Vierges enchâssées au bourbier des falaises !

« Contribution aussi de l'autre rive ! Et révérence au Soleil noir d'en bas !

« Confiance à tout cet affleurement de monstres et d'astres sans lignage, de Princes et d'Hôtes sous le pschent, mêlant leur faune irréprochable à notre hégire d'Infidèles...

« Et toi, prends la conduite de la course, œil magnifique de nos veilles ! pupille ouverte sur l'abîme, — comme au navigateur nocturne penché sur l'habitacle la fleur de feu dans son bol d'or, et, sous la bulle errante de l'ampoule, la noire passiflore en croix sur la rose des vents. »

6

Telle est l'instance extrême où le Poète a témoigné.

En ce point extrême de l'attente, que nul ne songe à regagner les chambres.

« Enchantement du jour à sa naissance... Le vin nouveau n'est pas plus vrai, le lin nouveau n'est pas plus frais...

« Quel est ce goût d'airelle, sur ma lèvre d'étranger, qui m'est chose nouvelle et m'est chose étrangère ?...

« À moins qu'il ne se hâte, en perdra trace mon poème... Et vous aviez si peu de temps pour naître à cet instant... »

(Ainsi quand l'Officiant s'avance pour les cérémonies de l'aube, guidé de marche en marche et assisté de toutes parts contre le doute — la tête glabre et les mains nues, et jusqu'à l'ongle, sans défaut — c'est un très prompt message qu'émet aux premiers feux du jour la feuille aromatique de son être.)

Et le Poète aussi est avec nous, sur la chaussée des hommes de son temps.

Allant le train de notre temps, allant le train de ce grand vent.

Son occupation parmi nous : mise en clair des messages. Et la réponse en lui donnée par illumination du cœur.

Non point l'écrit, mais la chose même. Prise en son vif et dans son tout.

Conservation non des copies, mais des originaux. Et l'écriture du poète suit le procès-verbal.

(Et ne l'ai-je pas dit ? les écritures aussi évolueront. — Lieu du propos : toutes grèves de ce monde.)

« Tu te révéleras, chiffre perdu!... Que trop d'attente n'aille énerver

« L'usage de notre ouïe! nulle impureté souiller le seuil de la vision!... »

Et le Poète encore est avec nous, parmi les hommes de son temps, habité de son mal...

Comme celui qui a dormi dans le lit d'une stigmatisée, et il en est tout entaché,

Comme celui qui a marché dans une libation renversée, et il en est comme souillé,

Homme infesté du songe, homme gagné par l'infection divine,

Non point de ceux qui cherchent l'ébriété dans les vapeurs du chanvre, comme un Scythe,

Ni l'intoxication de quelque plante solanée — belladone ou jusquiame,

De ceux qui prisent la graine ronde d'Ologhi mangée par l'homme d'Amazonie,

Yaghé, liane du pauvre, qui fait surgir l'envers des choses — ou la plante Pî-lu,

Mais attentif à sa lucidité, jaloux de son autorité, et tenant clair au vent le plein midi de sa vision :

« Le cri! le cri perçant du dieu! qu'il nous saisisse en pleine foule, non dans les chambres,

« Et par la foule propagé qu'il soit en nous répercuté jusqu'aux limites de la perception...

« Une aube peinte sur les murs, muqueuse en quête de son fruit, ne saurait nous distraire d'une telle adjuration! »

Et le Poète encore est parmi nous... Cette heure peut-être la dernière, cette minute même, cet instant!... Et nous avons si peu de temps pour naître à cet instant!

« ... Et à cette pointe extrême de l'attente, où la promesse elle-même se fait souffle.

« Vous feriez mieux vous-même de tenir votre souffle... Et le Voyant n'aura-t-il pas sa chance ? l'Écoutant sa réponse ?... »

Poète encore parmi nous... Cette heure peut-être la dernière... cette minute même!... cet instant!

— « Le cri! le cri perçant du dieu sur nous! »

. . . .

IV

I

... C'était hier. Les vents se turent. — N'est-il rien que d'humain ?

« À moins qu'il ne se hâte, en perdra trace ton poème... » Ô frontière, ô mutisme! Aversion du dieu!

Et les capsules encore du néant dans notre bouche de vivants.

Si vivre est tel, qu'on n'en médise! (le beau recours!...)
Mais toi n'aille point, ô Vent, rompre ton alliance.

Sinon, c'est tel reflux au désert de l'instant!... l'insanité, soudain, du jour sur la blancheur des routes, et, grandissante vers nos pas, à la mesure d'un tel laps,

L'emphase immense de la mort comme un grand arbre jaune devant nous.

Si vivre est tel, qu'on s'en saisisse! Ah! qu'on en pousse à sa limite,

D'une seule et même traite dans le vent, d'une seule et même vague sur sa course,

Le mouvement!...

Et certains disent qu'il faut rire — allez-vous donc les révoquer en doute ? Ou qu'il faut feindre — les confondre ?

Et d'autres s'inscrivent en faux dans la chair de la femme, comme étroitement l'Indien, dans sa pirogue d'écorce, pour remonter le fleuve vagissant jusqu'en ses bras de fille, vers l'enfance.

Il nous suffit ce soir du front contre la selle, à l'heure brève de la sangle : comme en bordure de route, sur les cols, l'homme, aux naseaux de pierre de la source — et jusqu'en ce dernier quartier de lune mince comme un ergot de rose blanche, trouvera-t-il encore le signe de l'éperon.

Mais quoi! n'est-il rien d'autre, n'est-il rien d'autre que d'humain ? Et ce parfum de sellerie lui-même, et cette poudre alezane qu'en songe, chaque nuit,
Sur son visage encore promène la main du Cavalier, ne sauraient-ils en nous éveiller d'autre songe
Que votre fauve image d'amazones, tendres compagnes de nos courses imprégnant de vos corps la laine des jodhpurs ?

Nous épousions un soir vos membres purs sur les pelleteries brûlantes du sursaut de la flamme,
Et le vent en forêt nous était corne d'abondance, mais nos pensées tenaient leurs feux sur d'arides rivages,
Et, femmes, vous chantiez votre grandeur de femmes aux fils que nous vous refusions...

Amour, aviez-vous donc raison contre les monstres de nos fables ?
Toujours des plaintes de palombes repeupleront la nuit du Voyageur.
Et qu'il fut vain, toujours, entre vos douces phrases familières, d'épier au très lointain des choses ce grondement, toujours, de grandes eaux en marche vers quelque Zambézie!...

De grandes filles nous furent données, qui dans leurs bras d'épouses dénouaient plus d'hydres que nos fuites.
Où êtes-vous qui étiez là, silencieux arome de nos nuits, ô chastes libérant sous vos chevelures impudiques une chaleureuse histoire de vivantes ?
Vous qui nous entendrez un soir au tournant de ces pages, sur les dernières jonchées d'orage, Fidèles aux yeux d'orfraies, vous saurez qu'avec vous

Nous reprenions un soir la route des humains.

2

Et l'homme encore fait son ombre sur la chaussée des hommes,

Et la fumée de l'homme est sur les toits, le mouvement des hommes sur la route,

Et la saison de l'homme sur nos lèvres comme un thème nouveau...

Si vivre est tel, si vivre est tel, nous faudra-t-il chercher plus bas faces nouvelles ?

Aller où vont les Cordillères bâtées d'azur comme d'un chargement de quartz,

Où court la longue échine sur son arc, levant un fait d'écaille et d'os au pas de l'homme sans visage ?

★

... Je me souviens d'un lieu de pierre — très haute table de ce monde où le vent traîne le soc de son aile de fer. Une Crau de pierres sur leur angle, comme un lit d'huîtres sur leur tranche : telle est l'étrille de ce lieu sous la râpe du vent. (Des bêtes ont cette langue revêche, et comme madréporique, dont rêvent les belluaires.)

Je me souviens du haut pays sans nom, illuminé d'horreur et vide de tout sens. Nulle redevance et nulle accise. Le vent y lève ses franchises ; la terre y cède son aînesse pour un brouet de pâtre — terre plus grave, sous la gravitation de femmes lentes au relent de brebis... Et la Montagne est honorée par les ambulations des femmes et des hommes. Et ses adorateurs lui offrent des fœtus de lamas. Lui font une fumigation de plantes résineuses.

Lui jettent à la volée des tripes de bêtes égorgées. Excréments prélevés pour le traitement des peaux.

Je me souviens du haut pays de pierre où les porcheries de terre blanche, avant l'orage, resplendissent au soir comme des approches de villes saintes. Et très avant dans la nuit basse, aux grandes salines s'éclaireront les marécages bordés de bauges pour les truies. Et de petits abris pour voyageurs, enfumés de copal...

— Qu'irais-tu chercher là ?

... Une civilisation du maïs noir — non, violet : Offrandes d'œufs de flamants roses; bouillons d'avoine dans les cornes; et la sagesse tirée des grandes sacoches à coca.

Une civilisation de la laine et du suint : Offrandes de graisse sauvage; la mèche de laine au suif des lampes; et les femmes dégraissées au naphte pour les fêtes, les chevelures de lignite assouplies à l'urine.

Une civilisation de la pierre et de l'aérolithe : Offrandes de pyrites et de pierres à feu; mortiers et meules de grès brut; et l'œil au nœud des moellons comme à l'épi des nébuleuses ornant la grande nuit des pâtres...

— Qu'irais-tu sceller là ?

... Je vous connais, réponses faites en silence, et les clés peintes aux diagrammes des poteries usuelles. De grandes fêtes de la pierre, de la laine et du grain assembleront une épaisseur et un mutisme comme on en vit aux tranches des carrières : agrégation massive des grandes familles indivises — bêtes gravides, hommes de grès, femmes plus lourdes et vastes que des pierres meulières — et l'intégration finale de la terre dans les accouplements publics...

— Qu'irais-tu clore là ?

★

... Plus loin! plus loin! sur les versants de crépon vert,

Plus bas, plus bas, et face à l'Ouest! dans tout cet épanchement du sol,

Par grandes chutes et paliers — vers d'autres pentes, plus propices, et d'autres rives, charitables...

Jusqu'à cette autre masse d'irréel, jusqu'à ce haut gisement de chose pâle, en Ouest,

Où gît la grâce d'un grand nom — Mer Pacifique... ô mer de Balboa!... Celle qu'il ne faut jamais nommer.

(Nuñez de Balboa, les tentations toujours sont fortes dans ce sens!)

Plus bas, plus bas! sur les étagements gradués de ce versant du monde, baissant d'un ton, à chaque degré, la table plus proche de la Mer. (Et de toutes parts au loin elle m'est présente et proche, et de toutes parts au loin elle m'est alliance et grâce, et circonlocution — invitée à ma table de plein air et mêlée à mon pain, à l'eau de source dans les verres, avec la nappe bleuissante et l'argent et le sel, et l'eau du jour entre les feuilles.)

Plus vite, plus vite! à ces dernières versions terrestres, à ces dernières coulées de gneiss et de porphyre, jusqu'à cette grève de pépites, jusqu'à la chose elle-même, jaillissante! la mer elle-même jaillissante! hymne de force et de splendeur où l'homme un soir pousse sa bête frissonnante,

La bête blanche, violacée de sueur, et comme assombrie là du mal d'être mortelle...

Je sais!... Ne rien revoir! — Mais si tout m'est connu, vivre n'est-il que revoir?

... Et tout nous est reconnaissance. Et toujours, ô mémoire, vous nous devancerez, en toutes terres nouvelles où nous n'avions encore vécu.

Dans l'adobe, et le plâtre, et la tuile, couleur de corne ou de muscade, une même transe tient sa veille, qui toujours nous précède; et les signes qu'aux murs retrace l'ombre remuée des feuilles en tous lieux, nous les avions déjà tracés.

★

Ici la grève et la suture. Et au delà le reniement... La Mer en Ouest, et Mer encore, à tous nos spectres familière.

★

★

... Plus loin, plus loin, où sont les premières îles solitaires — les îles rondes et basses, baguées d'un infini d'espace, comme des astres — îles de nomenclateurs, de généalogistes ; grèves couvertes d'emblèmes génitaux, et de crânes volés aux sépultures royales...

... Plus loin, plus loin, où sont les îles hautes — îles de pierre ponce aux mains de cent tailleurs d'images ; lèvres scellées sur le mystère des écritures, pierres-levées sur le pourtour des grèves et grandes figures averses aux lippes dédaigneuses...

... Et au delà, les purs récifs, et de plus haute solitude — les grands ascètes inconsolables lavant aux pluies du large leurs faces ruisselantes de pitié...

... Et au delà, dernière en Ouest, l'île où vivait, il y a vingt ans, le dernier arbrisseau : une méliacée des laves, croyons-nous — Caquetage des eaux libres sur les effondrements de criques, et le vent à jamais dans les porosités de roches basaltiques, dans les fissures et dans les grottes et dans les chambres les plus vaines, aux grandes masses de tuf rouge...

... Et au delà, et au delà, sont les derniers froncements d'humeur sur l'étendue des mers. Et mon poème encore vienne à grandir avec son ombre sur la mer...

... Et au delà, et au delà, qu'est-il rien d'autre que toi-même — qu'est-il rien d'autre que d'humain ?... Minuit en mer après Midi... Et l'homme seul comme un gnomon sur la table des eaux... Et les capsules de la mort éclatent dans sa bouche...

... Et l'homme en mer vient à mourir. S'arrête un soir de rapporter sa course. Capsules encore du néant dans la bouche de l'homme...

3

C'est en ce point de ta rêverie que la chose survint : l'éclair soudain, comme un Croisé! — le Balafré sur ton chemin, en travers de la route,

Comme l'Inconnu surgi hors du fossé qui fait cabrer la bête du Voyageur.

Et à celui qui chevauchait en Ouest, une invincible main renverse le col de sa monture, et lui remet la tête en Est. « Qu'allais-tu déserter là ?... »

★

Songe à cela plus tard, qu'il t'en souvienne! Et de l'écart où maintenir, avec la bête haut cabrée,

Une âme plus scabreuse.

4

Nous reviendrons, un soir d'Automne, sur les derniers roulements d'orage, quand le trias épais des golfes survolés ouvre au Soleil des morts ses fosses de goudron bleu,

Et l'heure oblique, sur l'aile de métal, cloue sa première écharde de lumière avec l'étoile de feu vert. Et c'est un jaillissement de sève verte au niveau de notre aile,

Et soudain, devant nous, sous la haute barre de ténèbres, le pays tendre et clair de nos filles, un couteau d'or au cœur !

★

« ... Nous avions rendez-vous avec la fin d'un âge. Et nous voici, les lèvres closes, parmi vous. Et le Vent avec nous — ivre d'un principe amer et fort comme le vin de lierre ;

« Non pas appelé en conciliation, mais irritable et qui vous chante : j'irriterai la moelle dans vos os... (Qu'étroite encore fut la mesure de ce chant !)

« Et l'exigence en nous ne s'est point tue ; ni la créance n'a décru. Notre grief est sans accommodement, et l'échéance ne sera point reportée.

« Nous vous demanderons un compte d'hommes nouveaux — d'hommes entendus dans la gestion humaine, non dans la précession des équinoxes.

« L'aile stridente, sur nos ruines, vire déjà l'heure nouvelle. Et c'est un sifflement nouveau !... Que nul ne songe, que nul ne songe à déserter les hommes de sa race !

« Toutes les herbes d'Asie à la semelle blanche du lettré ne sauraient nous distraire de cette activité nouvelle; ni un parfum de fraise et d'aube dans la nuit verte des Florides... »

— Et vous, hommes du nombre et de la masse, ne pesez pas les hommes de ma race. Ils ont vécu plus haut que vous dans les abîmes de l'opprobre.

Ils sont l'épine à votre chair; la pointe même au glaive de l'esprit. L'abeille du langage est sur leur front,

Et sur la lourde phrase humaine, pétrie de tant d'idiomes, ils sont seuls à manier la fronde de l'accent.

★

... Nous reviendrons un soir d'Automne, avec ce goût de lierre sur nos lèvres; avec ce goût de mangles et d'herbages et de limon au large des estuaires.

Comme ce Drake, nous dit-on, qui dînait seul en mer au son de ses trompettes, rapporterons-nous en Est un mouvement plus large d'avoir crû sur l'arc des golfes les plus vastes ?...

Nous reviendrons avec le cours des choses réversibles, avec la marche errante des saisons, avec les astres se mouvant sur leurs routes usuelles,

Les trois étoiles mensuelles se succédant encore dans leur coucher héliaque et la révolution des hommes s'aggravant en ce point de l'année où les planètes ont leur exaltation.

Et le Vent, ha! le Vent avec nous, dans nos desseins et dans nos actes, qu'il soit notre garant! (Comme l'Émissaire d'autres contrées, de l'autre côté des grandes chaînes désertiques,

Qui a longtemps couru et voyagé pour rapporter bouture de feu dans son pavot de fer; ou qui s'avance, s'écriant : semences nouvelles pour vos terres! vignes nouvelles pour vos combes! Et les gens du pays se lèvent sur leurs maux.)

... Ou survolant peut-être, avant le jour, les ports encore sous leurs feux verts, nous faudra-t-il, longeant les douanes silencieuses et les gares de triage, et puis prenant par les faubourgs, et l'arrière-cour et les communs,

Nous faudra-t-il, avant le jour, nous frayer route d'étranger jusqu'à la porte de famille ? alors qu'il n'est personne encore dans les rues pour disputer aux Parques matinales

L'heure où les morts sans sépulture quêtent les restes de poubelles et les doctrines au rebut dans les amas du chiffonnier...

Et c'est l'heure, ô Mendiant! où sur les routes méconnues l'essaim des songes vrais ou faux s'en va encore errer le long des fleuves et des grèves, autour des grandes demeures familiales désertées du bonheur,

Et la visibilité de Mercure est encore proche dans la constellation du Capricorne, et Mars peut-être à sa plus grande puissance se tient, splendide et vaste, sur la Beauce,

Et les lits des guerriers sont encore vides pour longtemps. (Ils nous ont fait, disent-ils, des prédictions : qu'ils prennent la garde pour longtemps contre le renouvellement des mêmes choses.)

★

« ... Pétrels, nos cils, au creux de la vision d'orage, épelez-vous lettre nouvelle dans les grands textes épars où fume l'indicible ?

« Vous qui savez, rives futures, où s'inscriront nos actes, et dans quelles chairs nouvelles se lèveront nos dieux,

« Gardez-nous un lit pur de toute défaillance, une demeure libre de toute cendre consumée... »

Des caps ultimes de l'exil — un homme encore dans le vent tenant conseil avec lui-même — j'élèverai une dernière fois la main.

Demain, ce continent largué... et derrière nous encore tout ce sillage d'ans et d'heures, toute cette lie d'orages vieillissants.

Là nous allions parmi les hommes de toute race. Et nous avions beaucoup vécu. Et nous avions beaucoup erré. Et nous lisions les peuples par nations. Et nous disions les fleuves survolés, et les plaines fuyantes, et les cités entières sur leurs disques qui nous filaient entre les doigts — grands virements de comptes et glissements sur l'aile.

... Et comme s'inclinait l'immense courbe vers sa fin, à ce très grand tournant de l'heure vers sa rive et vers son dernier port,

J'ai vu encore la Ville haute sous la foudre, la Ville d'orgues sous l'éclair comme ramée du pur branchage lumineux, et la double corne prophétique cherchant encore le front des foules, à fond de rues et sur les docks...

Et de tels signes sont mémorables — comme la fourche du destin au front des bêtes fastidieuses, ou comme l'algue bifourchue sur sa rotule de pierre noire.

5

Avec vous, et le Vent avec nous, sur la chaussée des hommes de ma race!

« ... Nous avions rendez-vous avec la fin d'un âge. Nous trouvons-nous avec les hommes d'un autre âge ?

« Les grandes abjurations publiques ne suffiraient à notre goût. Et l'exigence en nous ne s'est point tue.

« Il n'y a plus pour nous d'entente avec cela qui fut.

« Nous en avions assez de ces genoux trop calmes où s'enseignait le blé,

« De ces prudhommeries de pierre sur nos places, et de ces Vierges de Comices sur le papier des Banques;

« Assez de ces porteuses de palmes et d'olives sur nos monnaies trop blondes, comme ces filles et mères d'Empereurs qui s'appelaient Flavie.

« Nous en avions assez, Lia, des grandes alliances de familles, des grandes cléricatures civiles; et de ces fêtes de Raison, et de ces mois intercalaires fixés par les pouvoirs publics.

« Nous possédons un beau dossier de ces jeux d'écritures. Vos bêtes à beurre, vos étables n'en sauraient plus faire les frais.

« Et les Palais d'Archives sur la Ville hausseront-ils encore au jour naissant leurs médaillons de pierre vides comme des taies d'aveugles ? »

*

Ah! quand les peuples périssaient par excès de sagesse,

que vaine fut notre vision!... La ravenelle et la joubarbe enchantaient vos murailles. La terre contait ses Roi René. Et dans ces grands Comtats où le blé prit ses aises, dispersant feux et braises aux grandes orgues des Dimanches, le ravissement des femmes aux fenêtres mêlait encore aux carrosseries du songe le bruit d'attelage des grillons...

Filles de veuves sur vos landes, ô chercheuses de morilles dans les bois de famille, alliez-vous vivre du bien d'épaves de vos côtes ?... herpes marines et ambre gris, autres merveilles atlantiques — moulures fauves et trumeaux peints des vieilles frégates noir et or, ouvertes en mer, de main divine, pour vos acquêts en dot et pour vos douaires — peut-être aussi quelque figure de proue aux seins de jeune Indienne, à fiancer un soir d'hiver, dans les Cuisines, à vos histoires de sœurs de lait ?...

Et vous, hommes de venelles et d'impasses aux petites villes à panonceaux, vous pouvez bien tirer au jour vos liards et mailles de bon aloi : ce sont reliques d'outre-monde et dîmes pour vos Marguilliers... Compère, as-tu fini d'auner ton drap sur le pas de l'échoppe ? et tireras-tu toujours les Rois dans l'arrière-boutique ? Ton vin tiré, d'autres l'ont bu. Et la caution n'est plus bourgeoise...

★

« Nous en avions assez, prudence, de tes maximes à bout de fil à plomb, de ton épargne à bout d'usure et de reprise. Assez aussi de ces Hôtels de Ventes et de Transylvanie, de ces marchandes d'antiquailles au coin des places à balcons d'or et ferronneries d Abbesses — bonheurs-du-jour et cabinets d'écaille, ou de guyane; vitrines à babioles et verreries de Bohême, pour éventails de poétesses — assez de ces friperies d'autels et de boudoirs, de ces dentelles de famille reprises en compte au tabellion...

« Et que dire de celui qui avait hérité un petit bien de famille, qui épousait pignon sur rue, ou qui tenait demeure de loisir sur la place de l'Église ? — de celui qu'apaisait une petite vigne aux champs ; un verger en province pleurant ses gommes d'or; un vieux moulin fleurant la toile peinte, série du Fabuliste; un clos d'abeilles, peut-être, en bordure de rivière, et son arceau de vieille Abbaye ? — ou mieux, s'aménageait, de ses recettes en Bourse, une gloriette ou folie, en retrait d'angle ou en encorbellement, contre les remparts d'une ville morte — dentelle de fer et d'or sous le masque des pampres, reliures de miel et d'or au creux des pièces en rotonde, et le duvet d'alcôve, à fond de chambre, aux derniers feux des soirs d'Été...

« Ô tiédeur, ô faiblesse! Ô tiédeur et giron où pâlissait le front des jeunes hommes... Il y aura toujours assez de lait pour les gencives de l'esthète et pour les bulbes du narcisse... Et quand nos filles elles-mêmes s'aiguisent sous le casque, chanterez-vous encore l'ariette de boudoir, ô grâces mortes du langage ?...

« Soufflé l'avoir, doublée la mise — sur toute ruine l'idée neuve!... Ah! qu'elle vibre! qu'elle vibre!... et stridente, nous cingle! — comme la corde résineuse au dé de corne de l'archer. »

★

À la queue de l'étang dort la matière caséeuse. Et la boue de feuilles mortes au bassin d'Apollon.

Qu'on nous débonde tout cela! Qu'on nous divise ce pain d'ordure et de mucus. Et tout ce sédiment des âges sur leur phlegme!

Que l'effarvate encore entre les joncs nous chante la crue des eaux nouvelles...

Et la ruée des eaux nouvelles se fraye sa route de fraîcheur dans ces purins et dans ces tartres,

Et l'An nouveau s'ouvre du poitrail un radieux sillage, et c'est comme un plaisir sexuel

De jeunes bêtes sous l'écume et d'hommes en armes s'ébrouant dans le torrent d'Arbelles...

« Laves! et le mouvement, au revers de l'immense labour, levant à l'infini du monde la grande chose ourlienne!...

« Ô décharge! ô charroi! où l'Ange noir des laves nous chante encore son chant de trompes volcaniques, dans des ruptures de cols et de matrices!...

« Et le Vent avec lui! comme un grand feu d'écume pétillante, et le jaillissement soudain, au passage de la barre, de la plus haute vague! avant le débouché en mer vers les eaux vertes... »

★

... Et ce n'est pas, grand merci non! que l'inquiétude encore ne rôde en tous parages :

Avec ces chouanneries d'orage dans nos bois, avec l'épine et l'aileron du vent sur toutes landes et guérets;

Dans les menées du ciel en course comme levées de jacqueries, et dans les pailles des cours de fermes,

Entre la faux, la fourche et les grands fers d'étables;

Avec ce frémissement de chaînes dans les granges et ce tintement d'éperons dans la pénombre,

Comme aux temps d'équinoxe, dans les jumenteries, quand il est recommandé aux gardiens de juments de prendre femmes au pays...

Un vent du Sud s'élèvera-t-il à contre-feu ? Inimitiés alors dans le pays. Renchérissement du grain. Et le lit des jeunes hommes demeurera encore vide... Et les naissances poétiques donneront lieu à enquête...

★

« ... Or c'est de tout cela que vous tirez levain de force et ferment d'âme.

« Et c'est temps de bâtir sur la terre des hommes. Et c'est regain nouveau sur la terre des femmes.

« De grandes œuvres déjà tressaillent dans vos seigles et l'empennage de vos blés.

« Ouvrez vos porches à l'An neuf!... Un monde à naître sous vos pas! hors de coutume et de saison!...

« La ligne droite court aux rampes où vibre le futur, la ligne courbe vire aux places qu'enchante la mort des styles...

« — Se hâter! Se hâter! Parole du plus grand Vent! »

— Et du talon frappée, cette mesure encore au sol, cette mesure au sol donnée,

Cette mesure encore, la dernière! comme au Maître du chant.

Et le Vent avec nous comme Maître du chant :

« Je hâterai la sève de vos actes. Je mènerai vos œuvres à maturation.
« Et vous aiguiserai l'acte lui-même comme l'éclat de quartz ou d'obsidienne.
« Des forces vives, ô complices, courent aux flancs de vos femmes, comme les affres lumineuses aux flancs des barques lacées d'or.
« Et le poète est avec vous. Ses pensées parmi vous comme des tours de guet. Qu'il tienne jusqu'au soir, qu'il tienne son regard sur la chance de l'homme!
« Je peuplerai pour vous l'abîme de ses yeux. Et les songes qu'il osa, vous en ferez des actes. Et à la tresse de son chant vous tresserez le geste qu'il n'achève...
« Ô fraîcheur, ô fraîcheur retrouvée parmi les sources du langage!... Le vin nouveau n'est pas plus vrai, le lin nouveau n'est pas plus frais.

« ... Et vous aviez si peu de temps pour naître à cet instant! »

6

... C'étaient de très grands vents sur la terre des hommes — de très grands vents à l'œuvre parmi nous,
Qui nous chantaient l'horreur de vivre, et nous chantaient l'honneur de vivre, ah! nous chantaient et nous chantaient au plus haut faîte du péril,
Et sur les flûtes sauvages du malheur nous conduisaient, hommes nouveaux, à nos façons nouvelles.

C'étaient de très grandes forces au travail, sur la chaussée des hommes — de très grandes forces à la peine
Qui nous tenaient hors de coutume et nous tenaient hors de saison, parmi les hommes coutumiers, parmi les hommes saisonniers,
Et sur la pierre sauvage du malheur nous restituaient la terre vendangée pour de nouvelles épousailles.

Et de ce même mouvement de grandes houles en croissance, qui nous prenaient un soir à telles houles de haute terre, à telles houles de haute mer,
Et nous haussaient, hommes nouveaux, au plus haut faîte de l'instant, elles nous versaient un soir à telles rives, nous laissant,
Et la terre avec nous, et la feuille, et le glaive — et le monde où frayait une abeille nouvelle...

Ainsi du même mouvement le nageur, au revers de sa nage, quêtant la double nouveauté du ciel, soudain tâte du pied l'ourlet des sables immobiles,
Et le mouvement encore l'habite et le propage, qui n'est plus que mémoire — murmure et souffle de grandeur à l'hélice de l'être,
Et les malversations de l'âme sous la chair longtemps

le tiennent hors d'haleine — un homme encore dans la mémoire du vent, un homme encore épris du vent, comme d'un vin...

Comme un homme qui a bu à une cruche de terre blanche : et l'attachement encore est à sa lèvre

Et la vésication de l'âme sur sa langue comme une intempérie,

Le goût poreux de l'âme, sur sa langue, comme une piastre d'argile...

Ô vous que rafraîchit l'orage, la force vive et l'idée neuve rafraîchiront votre couche de vivants, l'odeur fétide du malheur n'infectera plus le linge de vos femmes.

Repris aux dieux votre visage, au feu des forges votre éclat, vous entendrez, et l'An qui passe, l'acclamation des choses à renaître sur les débris d'élytres, de coquilles.

Et vous pouvez remettre au feu les grandes lames couleur de foie sous l'huile. Nous en ferons fers de labour, nous connaîtrons encore la terre ouverte pour l'amour, la terre mouvante, sous l'amour, d'un mouvement plus grave que la poix.

Chante, douceur, à la dernière palpitation du soir et de la brise, comme un apaisement de bêtes exaucées.

Et c'est la fin ce soir du très grand vent. La nuit s'évente à d'autres cimes. Et la terre au lointain nous raconte ses mers.

Les dieux, pris de boisson, s'égarent-ils encore sur la terre des hommes ? Et nos grands thèmes de nativité seront-ils discutés chez les doctes ?

Des Messagers encore s'en iront aux filles de la terre, et leur feront encore des filles à vêtir pour le délice du poète.

Et nos poèmes encore s'en iront sur la route des hommes, portant semence et fruit dans la lignée des hommes d'un autre âge —

Une race nouvelle parmi les hommes de ma race, une race nouvelle parmi les filles de ma race, et mon cri de vivant sur la chaussée des hommes, de proche en proche, et d'homme en homme,

Jusqu'aux rives lointaines où déserte la mort !...

7

Quand la violence eut renouvelé le lit des hommes sur la terre,

Un très vieil arbre, à sec de feuilles, reprit le fil de ses maximes...

Et un autre arbre de haut rang montait déjà des grandes Indes souterraines,

Avec sa feuille magnétique et son chargement de fruits nouveaux.

Seven Hundred Acre Island
(Maine), 1945.

CHRONIQUE

I

« Grand âge, nous voici. Fraîcheur du soir sur les hauteurs, souffle du large sur tous les seuils, et nos fronts mis à nu pour de plus vastes cirques...

« Un soir de rouge et longue fièvre où s'abaissent les lances, nous avons vu le ciel en Ouest plus rouge et rose, du rose d'insectes des marais salants : soir de grand erg, et très grand orbe, où les premières élisions du jour nous furent telles que défaillances du langage.

« Et c'est un déchirement d'entrailles, de viscères, sur toute l'aire illuminée du Siècle : linges lavés dans les eaux mères et le doigt d'homme promené, au plus violet et vert du ciel, dans ces ruptures ensanglantées du songe — trouées vives!

« Une seule et lente nuée claire, d'une torsion plus vive par le travers du ciel austral, courbe son ventre blanc de squale aux ailerons de gaze. Et l'étalon rouge du soir hennit dans les calcaires. Et notre songe est en haut lieu. Ascension réglée sur l'ascension des astres, nés de mer... Et ce n'est point de même mer que nous rêvons ce soir.

« Si haut que soit le site, une autre mer au loin s'élève, et qui nous suit, à hauteur du front d'homme : très haute masse et levée d'âge à l'horizon des terres, comme rempart de pierre au front d'Asie, et très haut seuil en flamme à l'horizon des hommes de toujours, vivants et morts de même foule.

« Lève la tête, homme du soir. La grande rose des ans

tourne à ton front serein. Le grand arbre du ciel, comme un nopal, se vêt en Ouest de cochenilles rouges. Et dans l'embrasement d'un soir aux senteurs d'algue sèche, nous éduquons, pour de plus hautes transhumances, de grandes îles à mi-ciel nourries d'arbouses et de genièvre.

« Fièvre là-haut et lit de braise. Statut d'épouses pour la nuit à toutes cimes lavées d'or! »

II

« Grand âge, vous mentiez : route de braise et non de cendres... La face ardente et l'âme haute, à quelle outrance encore courons-nous là ? Le temps que l'an mesure n'est point mesure de nos jours. Nous n'avons point commerce avec le moindre ni le pire. Pour nous la turbulence divine à son dernier remous...

« Grand âge, nous voici sur nos routes sans bornes. Claquements du fouet sur tous les cols ! Et très haut cri sur la hauteur ! Et ce grand vent d'ailleurs à notre encontre, qui courbe l'homme sur la pierre comme l'araire sur la glèbe.

« Nous vous suivrons, aile du soir... Dilatation de l'œil dans les basaltes et dans les marbres ! La voix de l'homme est sur la terre, la main de l'homme est dans la pierre et tire un aigle de sa nuit. Mais Dieu se tait dans le quantième ; et notre lit n'est point tiré dans l'étendue ni la durée.

« Ô Mort parée du gantelet d'ivoire, tu croises en vain nos sentes bosselées d'os, car notre route tend plus loin. Le valet d'armes accoutré d'os que nous logeons, et qui nous sert à gages, désertera ce soir au tournant de la route.

« Et ceci reste à dire : nous vivons d'outre-mort, et de mort même vivrons-nous. Les chevaux sont passés qui couraient à l'ossuaire, la bouche encore fraîche des sauges de la terre. Et la grenade de Cybèle teint encore de son sang la bouche de nos femmes.

« Notre royaume est d'avant-soir, ce grand éclat d'un Siècle vers sa cime; et nous n'y tenons point lits de justice ni camps d'honneur, mais tout un déploiement d'étoffes sur les pentes, déroulant à longs plis ces grands amas de lumière jaune que les Mendiants du soir assemblent de si loin, comme soieries d'Empire et soies grèges de tribut.

« Nous en avions assez du doigt de craie sous l'équation sans maître... Et vous, nos grands Aînés, dans vos robes rigides, qui descendez les rampes immortelles avec vos grands livres de pierre, nous avons vu remuer vos lèvres dans la clarté du soir : vous n'avez dit le mot qui lève ni nous suive.

« Lucine errante sur les grèves pour l'enfantement des œuvres de la femme, il est d'autres naissances à quoi porter vos lampes!... Et Dieu l'aveugle luit dans le sel et dans la pierre noire, obsidienne ou granit. Et la roue tourne entre nos mains, comme au tambour de pierre de l'Aztèque. »

III

« Grand âge, nous venons de toutes rives de la terre. Notre race est antique, notre face est sans nom. Et le temps en sait long sur tous les hommes que nous fûmes.

« Nous avons marché seuls sur les routes lointaines; et les mers nous portaient qui nous furent étrangères. Nous avons connu l'ombre et son spectre de jade. Nous avons vu le feu dont s'effaraient nos bêtes. Et le ciel tint courroux dans nos vases de fer.

« Grand âge, nous voici. Nous n'avions soin de roses ni d'acanthes. Mais la mousson d'Asie fouettait, jusqu'à nos lits de cuir ou de rotin, son lait d'écume et de chaux vive. De très grands fleuves, nés de l'Ouest, filaient à quatre jours en mer leur chyle épais de limon vert.

« Et sur la terre de latérite rouge où courent les cantharides vertes, nous entendions un soir tinter les premières gouttes de pluie tiède, parmi l'envol des rolliers bleus d'Afrique et la descente des grands vols du Nord qui font claquer l'ardoise d'un grand Lac.

« Ailleurs des cavaliers sans maîtres échangèrent leurs montures à nos tentes de feutre. Nous avons vu passer l'abeille naine du désert. Et les insectes rouges ponctués de noir s'accouplaient sur le sable des Îles. L'hydre antique des nuits n'a point pour nous séché son sang au feu des villes.

« Et nous étions peut-être en mer, ce jour d'éclipse et de première défaillance, quand la louve noire du ciel mordit au cœur le vieil astre de nos pères. Et dans l'abîme gris et vert aux senteurs de semence, couleur de l'œil des nouveau-nés, nous nous sommes baignés nus — priant, que tout ce bien nous vînt à mal, et tout ce mal à bien.

★

« Prédateurs, certes! nous le fûmes; et de nuls maîtres que nous-mêmes tenant nos lettres de franchise — Tant de sanctuaires éventés et de doctrines mises à nu, comme femmes aux hanches découvertes! Enchères aux quais de corail noir, enseignes brûlées sur toutes rades, et nos cœurs au matin comme rades foraines...

« Ô vous qui nous meniez à tout ce vif de l'âme, fortune errante sur les eaux, nous direz-vous un soir sur terre quelle main nous vêt de cette tunique ardente de la fable, et de quels fonds d'abîme nous vint à bien, nous vint à mal, toute cette montée d'aube rougissante, et cette part en nous divine qui fut notre part de ténèbres ?

« Car maintes fois sommes-nous nés, dans l'étendue sans fin du jour. Et qu'est ce mets, sur toutes tables offert, qui nous fut très suspect en l'absence de l'Hôte ? Nous passons, et, de nul engendrés, connaît-on bien l'espèce où nous nous avançons ? Que savons-nous de l'homme, notre spectre, sous sa cape de laine et son grand feutre d'étranger ?

« Ainsi l'on voit au soir, dans les gros bourgs de corne où les ruraux prennent leurs semences — toutes fontaines désertées et toute place de boue sèche marquée du piétinement fourchu — les étrangers sans nom ni face, en longue coiffe rabattue, accoster sous l'auvent, contre le montant de pierre de la porte, les grandes filles de la terre fleurant l'ombre et la nuit comme vaisseaux de vin dans l'ombre. »

IV

« Errants, ô Terre, nous rêvions...

« Nous n'avons point tenure de fief ni terre de bien-fonds. Nous n'avons point connu le legs, ni ne saurions léguer. Qui sut jamais notre âge et sut notre nom d'homme ? Et qui disputerait un jour de nos lieux de naissance ? Éponyme, l'ancêtre, et sa gloire, sans trace. Nos œuvres vivent loin de nous dans leurs vergers d'éclairs. Et nous n'avons de rang parmi les hommes de l'instant.

« Errants, que savions-nous du lit d'aïeule, tout blasonné qu'il fût dans son bois moucheté des Îles ?... Il n'était point de nom pour nous dans le vieux gong de bronze de l'antique demeure. Il n'était point de nom pour nous dans l'oratoire de nos mères (bois de jacaranda ou de cédrat), ni dans l'antenne d'or mobile au front des gardiennes de couleur.

« Nous n'étions pas dans le bois de luthier de l'épinette ou de la harpe; ni dans le col de cygne des grands meubles lustrés, couleur de vin d'épices. Non plus n'étions dans les ciselures du bronze, et dans l'onyx, et les cannelures de pilastres, ni dans les vitres peuplées d'arbres des hautes armoires à livres, tout miel et or et cuir rouge d'Émir,

« Mais dans l'écale de tortue géante encore malodorante et dans le linge des servantes, et dans la cire des selleries où s'égare la guêpe; ah! dans la pierre du vieux fusil de noir, et dans l'odeur de copeaux frais des charpentiers de mer, et dans la guibre du voilier sur chantier de famille; mieux, dans la pâte de corail blanc sciée pour les terrasses, et dans la pierre noire et blanche des grands carrelages d'offices, et dans l'enclume du forgeron d'étable, et dans ce bout de chaîne luisante, sous l'orage, qu'élève, corne haute, la lourde bête noire portant bourse de cuir...

« L'algue fétide de minuit nous fut compagne sous les combles. »

V

« Grand âge, nous voici. Rendez-vous pris, et de longtemps, avec cette heure de grand sens.

« Le soir descend, et nous ramène, avec nos prises de haute mer. Nulle dalle familiale où retentisse le pas d'homme. Nulle demeure à la ville ni cour pavée de roses de pierre sous les voûtes sonores.

« Il est temps de brûler nos vieilles coques chargées d'algues. La Croix du Sud est sur la Douane; la frégate-aigle a regagné les îles; l'aigle-harpie est dans la jungle, avec le singe et le serpent-devin. Et l'estuaire est immense sous la charge du ciel.

« Grand âge, vois nos prises : vaines sont-elles, et nos mains libres. La course est faite et n'est point faite; la chose est dite et n'est point dite. Et nous rentrons chargés de nuit, sachant de naissance et de mort plus que n'enseigne le songe d'homme. Après l'orgueil, voici l'honneur, et cette clarté de l'âme florissante dans l'épée grande et bleue.

« Hors des légendes du sommeil toute cette immensité de l'être et ce foisonnement de l'être, toute cette passion d'être et tout ce pouvoir d'être, ah! tout ce très grand souffle voyageur qu'à ses talons soulève, avec l'envol de ses longs plis — très grand profil en marche au carré de nos portes — le passage à grands pas de la Vierge nocturne! »

VI

« ... Comme celui, la main au col de sa monture, qui songe au loin et rêve haut : “ Je porterai plus loin l'honneur de ma maison ” (et la plaine à ses pieds, dans les fumées du soir, roule un guéret très vaste et très bouclé, comme paille de fer, et mesurant le temps boisé du long parcours, il voit — et cela est — tout un là-bas de lointains bleus et d'aigrettes blanches, et la terre au repos paissant ses buffles de légende et ses genévriers),

« Comme celui, la main tenue sur ses papiers et titres d'acquisition, qui prend mesure d'un grand bien (et l'entrée en jouissance ne comble pas son gré),

« Nous étendons à tout l'avoir notre usage et nos lois.

★

« Grand âge, vous régnez... L'étage est le plus vaste, et le site si haut que la mer est partout — mer d'outre-mer et d'outre-songe et nourrice d'eaux mères : celle-là même que nous fûmes, et de naissance, en toutes conques marines...

« L'étiage dit son chiffre à hauteur du cœur d'homme, et ce chiffre n'est point chiffre. Et l'Océan des terres, à son étale, pousse ses milliers d'arceaux de mangles et d'arcanes, comme vigne en songe provignée sur l'étendue des eaux.

« Siffle plus bas, brise d'ailleurs, à la veillée des

hommes de grand âge. Notre grief n'est plus de mort. La terre donne son sel. Le soir nous dit un mot de Guèbre. L'esprit des eaux rase le sol comme mouette au désert. Et l'ineffable est sur son aile à hauteur de nos tempes. Il n'est plus mot pour nous que nous n'ayons créé...

« Grand âge, vous régnez, et le silence vous est nombre. Et le songe est immense où se lave le songe. Et l'Océan des choses nous assiège. La mort est au hublot, mais notre route n'est point là. Et nous voici plus haut que songe sur les coraux du Siècle — notre chant.

« Balancement de l'heure, entre toutes choses égales — incréées ou créées... L'arbre illustre sa feuille dans la clarté du soir : le grand arbre Saman qui berce encore notre enfance; ou cet autre, en forêt, qui s'ouvrait à la nuit, élevant à son dieu l'ample charge ouvragée de ses roses géantes.

« Grand âge, vous croissez! Rétine ouverte au plus grand cirque; et l'âme avide de son risque... Voici la chose vaste en Ouest, et sa fraîcheur d'abîme sur nos faces.

« Ceux qui furent aux choses n'en disent point l'usure ni la cendre, mais ce haut vivre en marche sur la terre des morts... Et la terre fait son bruit de mer au loin sur les coraux, et la vie fait son bruit de ronce en flammes sur les cimes. Et c'est pluie de toujours, au clair-obscur des eaux, de cendre fine et de chaux douce sur les grands fonds soyeux d'abîme sans sommeil.

« Jadis des hommes de haut site, la face peinte d'ocre rouge sur leurs mesas d'argile, nous ont dansé sans gestes danse immobile de l'aigle. Ici, ce soir, et face à l'Ouest, mimant la vergue ou le fléau, il n'est que d'étendre les bras en croix pour auner à son aune l'espace d'un tel an : danse immobile de l'âge sur l'envergure de son aile.

« Ou bien assis, la main au sol, comme main de

pâtre, dans le thym, à tous ces fronts bossués de pierre blanche, nous affleurons nous-mêmes à tout ce blanc d'amande et de coprah de la pierre de crête : douceur de spath et de fluor, et beau lustre du gneiss entre les schistes laminés...

« Immortelle l'armoise que froisse notre main. »

VII

« Et ramenant enfin les pans d'une plus vaste bure, nous assemblons, de haut, tout ce grand fait terrestre.

« Derrière nous, par là-bas, au versant de l'année, toute la terre, à plis droits, et de partout tirée, comme l'ample cape de berger jusqu'au menton nouée...

« (Nous faudra-t-il — car l'Océan des choses nous assiège — nous en couvrir le front et le visage, comme l'on voit, au plus haut cap, l'homme de grand songe sous l'orage s'enfouir la tête dans un sac pour converser avec son dieu ?)

« ... Et par-dessus l'épaule, jusqu'à nous, nous entendons ce ruissellement en cours de toute la chose hors des eaux.

« C'est la terre, de partout, tissant sa laine fauve comme byssus de mer; et le cheminement, à fond de plaines, de ces grandes ombres bleu de Mai qui mènent en silence la transhumance du ciel sur terre...

« Irréprochable, ô terre, ta chronique, au regard du Censeur! Nous sommes pâtres du futur, et ce n'est pas assez pour nous de toute l'immense nuit dévonienne pour étayer notre louange... Sommes-nous, ah, sommes-nous bien ? — ou fûmes-nous jamais — dans tout cela ?

★

« ... Et tout cela nous vint à bien, nous vint à mal :

la terre mouvante dans son âge et son très haut langage — plissements en cours et charriages, déportements en Ouest et dévoiements sans fin, et sur ses nappes étagées comme barres d'estuaires et déferlements de mer, l'incessante avancée de sa lèvre d'argile...

« Ô face insigne de la Terre, qu'un cri pour toi se fasse entendre, dernière venue dans nos louanges! L'amour durcit tes baies sauvages, ô terre plus crépelée que le chagrin des Maures! ô mémoire, au cœur d'homme, du royaume perdu!

« Le Ciel en Ouest se vêt comme un Khalife, la terre lave ses vignes au rouge de bauxite, et l'homme se lave au vin de nuit : le tonnelier devant son chai, le forgeron devant sa forge, et le roulier penché sur l'auge de pierre des fontaines.

« Honneur aux vasques où nous buvons! Les tanneries sont lieu d'offrande et les chiens s'ensanglantent aux déchets de boucherie; mais pour le songe de nos nuits, les démascleurs de chênes ont mis à jour un ton plus riche et grave, couleur tête de maure.

« ... Ô mémoire, prends souci de tes roses de sel. La grande rose du soir héberge l'étoile sur son sein comme une cétoine dorée. Hors des légendes du sommeil ce nantissement de l'homme chargé d'astres!

« Grand âge, vous louez. Les femmes se lèvent dans la plaine et marchent à grands pas au cuivre rouge de l'existence.

« La horde des Siècles a passé là! »

VIII

« ... Grand âge, nous voici — et nos pas d'hommes vers l'issue. C'est assez d'engranger, il est temps d'éventer et d'honorer notre aire.

« Demain, les grands orages maraudeurs, et l'éclair au travail... Le caducée du ciel descend marquer la terre de son chiffre. L'alliance est fondée.

« Ah! qu'une élite aussi se lève, de très grands arbres sur la terre, comme tribu de grandes âmes et qui nous tiennent en leur conseil... Et la sévérité du soir descende, avec l'aveu de sa douceur, sur les chemins de pierre brûlante éclairés de lavande...

« Frémissement alors, à la plus haute tige engluée d'ambre, de la plus haute feuille mi-déliée sur son onglet d'ivoire.

« Et nos actes s'éloignent dans leurs vergers d'éclairs...

« À d'autres d'édifier, parmi les schistes et les laves. À d'autres de lever les marbres à la ville.

« Pour nous chante déjà plus hautaine aventure. Route frayée de main nouvelle, et feux portés de cime en cime...

« Et ce ne sont point là chansons de toile pour gynécée, ni chansons de veillées, dites chansons de Reine de Hongrie, pour égrener le maïs rouge au fil rouillé des vieilles rapières de famille,

« Mais chant plus grave, et d'autre glaive, comme chant d'honneur et de grand âge, et chant du Maître, seul au soir, à se frayer sa route devant l'âtre

« — fierté de l'âme devant l'âme et fierté d'âme grandissante dans l'épée grande et bleue.

« Et nos pensées déjà se lèvent dans la nuit comme les hommes de grande tente, avant le jour, qui marchent au ciel rouge portant leur selle sur l'épaule gauche.

« Voici les lieux que nous laissons. Les fruits du sol sont sous nos murs, les eaux du ciel dans nos citernes, et les grandes meules de porphyre reposent sur le sable.

« L'offrande, ô nuit, où la porter ? et la louange, la fier ?... Nous élevons à bout de bras, sur le plat de nos mains, comme couvée d'ailes naissantes, ce cœur enténébré de l'homme où fut l'avide, et fut l'ardent, et tant d'amour irrévélé...

« Écoute, ô nuit, dans les préaux déserts et sous les arches solitaires, parmi les ruines saintes et l'émiettement des vieilles termitières, le grand pas souverain de l'âme sans tanière,

« Comme aux dalles de bronze où rôderait un fauve.

★

« Grand âge, nous voici. Prenez mesure du cœur d'homme. »

Presqu'île de Giens
Septembre, 1959.

CHANT POUR UN ÉQUINOXE

SÉCHERESSE

Quand la sécheresse sur la terre aura tendu sa peau d'ânesse et cimenté l'argile blanche aux abords de la source, le sel rose des salines annoncera les rouges fins d'empires, et la femelle grise du taon, spectre aux yeux de phosphore, se jettera en nymphomane sur les hommes dévêtus des plages... Fange écarlate du langage, assez de ton infatuation !

Quand la sécheresse sur la terre aura pris ses assises, nous connaîtrons un temps meilleur aux affrontements de l'homme : temps d'allégresse et d'insolence pour les grandes offensives de l'esprit. La terre a dépouillé ses graisses et nous lègue sa concision. À nous de prendre le relais ! Recours à l'homme et libre course !

Sécheresse, ô faveur ! honneur et luxe d'une élite ! dis-nous le choix de tes élus... Sistre de Dieu, sois-nous complice. La chair ici nous fut plus près de l'os : chair de locuste ou d'exocet ! La mer elle-même nous rejette ses navettes d'os de seiche et ses rubans d'algues flétries : éclipse et manque en toute chair, ô temps venu des grandes hérésies !

Quand la sécheresse sur la terre aura tendu son arc, nous en serons la corde brève et la vibration lointaine. Sécheresse, notre appel et notre abréviation... « Et moi, dit l'Appelé, j'ai pris mes armes entre les mains : torches levées à tous les antres, et que s'éclaire en moi toute l'aire du possible ! Je tiens pour consonance de base ce cri lointain de ma naissance. »

Et la terre émaciée criait son très grand cri de veuve bafouée. Et ce fut un long cri d'usure et de fébrilité. Et ce fut pour nous temps de croître et de créer... Sur la terre insolite aux confins désertiques, où l'éclair vire au noir, l'esprit de Dieu tenait son hâle de clarté, et la terre vénéneuse s'enfiévrait comme un massif de corail tropical... N'était-il plus couleur au monde
que ce jaune d'orpiment ?

« Genévriers de Phénicie », plus crêpelés que têtes de Maures ou de Nubiennes, et vous, grands Ifs incorruptibles, gardiens de places fortes et d'îles cimentées pour prisonniers d'État masqués de fer, serez-vous seuls, tout ce temps-là, à consumer ici le sel noir de la terre ? Plantes à griffes et ronciers regagnent les garrigues ; le ciste et le nerprun sont pèlerins du maquis... Ah ! qu'on nous laisse seulement
ce brin de paille entre les dents !

★

Ô Maïa, douce et sage et Mère de tous songes, conciliatrice et médiatrice entre toutes factions terrestres, ne crains point l'anathème et la malédiction sur terre. Les temps vont revenir, qui ramèneront le rythme des saisons ; les nuits vont ramener l'eau vive aux tétines de la terre. Les heures cheminent devant nous au pas de l'espadrille, et, rétive, la vie remontera de ses abris sous terre avec son peuple de fidèles : ses « Lucilies » ou mouches d'or de la viande, ses psoques, ses mites, ses réduves ; et ses « Talitres », ou puces de mer, sous le varech des plages aux senteurs d'officine. La Cantharide verte et le Lycène bleu nous ramèneront l'accent et la couleur ; et la terre tatouée de rouge recouvrera ses grandes roses mécréantes, comme tissu de toile peinte pour femmes de Sénégambie. Les dartres pourpres du lézard virent déjà sous terre au noir d'opium et de sépia... Nous reviendront aussi les belles couleuvres visiteuses, qui semblent descendre de litière avec leurs ondulations de hanches à la Sanseverina. Guêpiers d'Afrique et Bondrées apivores arraisonneront la guêpe aux terriers des falaises. Et la Huppe messagère cherchera encore sur terre l'épaule princière où se poser...

Éclate, ô sève non sevrée! L'amour fuse de partout, jusque sous l'os et sous la corne. La terre elle-même change d'écorce. Vienne le rut, vienne le brame! et l'homme encore, tout abîme, se penche sans grief sur la nuit de son cœur. Écoute, ô cœur fidèle, ce battement sous terre d'une aile inexorable... Le son s'éveille et sauve l'essaim sonore de sa ruche; et le temps mis en cage nous fait entendre au loin son martèlement d'épeiche... Les oies sauvages s'agrainent-elles aux rives mortes des rizières, et les greniers publics céderont-ils un soir à la poussée des houles populaires ?... Ô terre du sacre et du prodige — terre prodigue encore à l'homme jusqu'en ses sources sous-marines honorées des Césars, que de merveilles encore montent vers nous de l'abîme de tes nuits! Ainsi par temps de couvaison d'orage — le savions-nous vraiment ? — les petites pieuvres de grand fond remontent avec la nuit vers la face tuméfiée des eaux...

Les nuits vont ramener sur terre la fraîcheur et la danse : sur la terre ossifiée aux affleurements d'ivoire retentiront encore sardanes et chaconnes, et leur basse obstinée nous tient déjà l'oreille à l'écoute des chambres souterraines. Au claquement des crotales et du talon de bois se fait encore entendre, à travers siècles, la danseuse gaditane qui dissipait en Hispanie l'ennui des Proconsuls romains... Les pluies nomades, venues de l'Est, tinteront encore au tambourin tzigane; et les belles averses de fin d'été, descendues de haute mer en toilettes de soirée, promèneront encore sur terre leurs bas de jupes pailletées...

Ô mouvement vers l'Être et renaissance à l'Être! Nomades tous les sables!... et le temps siffle au ras du sol... Le vent qui déplace pour nous l'inclinaison des dunes nous montrera peut-être au jour la place où fut moulée de nuit la face du dieu qui couchait là...

⋆

Oui, tout cela sera. Oui, les temps reviendront, qui lèvent l'interdit sur la face de la terre. Mais pour un temps encore c'est l'anathème, et l'heure encore est au blasphème : la terre sous bandelettes, la source sous scellés... Arrête, ô songe, d'enseigner, et toi, mémoire, d'engendrer.

Avides et mordantes soient nos heures nouvelles! et perdues aussi bien soient-elles au champ de la mémoire, où nulle jamais ne fit office de glaneuse. Brève la vie, brève la course, et la mort nous rançonne! L'offrande au temps n'est plus la même. Ô temps de Dieu, sois-nous comptable.

Nos actes nous devancent, et l'effronterie nous mène : dieux et faquins sous même étrille, emmêlés à jamais à la même famille. Et nos voies sont communes, et nos goûts sont les mêmes — ah! tout ce feu d'une âme sans arôme qui porte l'homme à son plus vif : au plus lucide, au plus bref de lui-même!

Agressions de l'esprit, pirateries du cœur — ô temps venu de grande convoitise. Nulle oraison sur terre n'égale notre soif; nulle affluence en nous n'étanche la source du désir. La sécheresse nous incite et la soif nous aiguise. Nos actes sont partiels, nos œuvres parcellaires! Ô temps de Dieu, nous seras-tu enfin complice ?

Dieu s'use contre l'homme, l'homme s'use contre Dieu. Et les mots au langage refusent leur tribut : mots sans office et sans alliance, et qui dévorent, à même, la feuille vaste du langage comme feuille verte de mûrier, avec une voracité d'insectes, de chenilles... Sécheresse, ô faveur, dis-nous le choix de tes élus.

Vous qui parlez l'ossète sur quelque pente caucasienne, par temps de grande sécheresse et d'effritement rocheux, savez combien proche du sol, au fil de l'herbe et de la brise, se fait sentir à l'homme l'haleine du divin. Sécheresse, ô faveur! Midi l'aveugle nous éclaire : fascination au sol du signe et de l'objet.

★

Quand la sécheresse sur la terre aura desserré son étreinte, nous retiendrons de ses méfaits les dons les plus précieux : maigreur et soif et faveur d'être. « Et moi, dit l'Appelé, je m'enfiévrais de cette fièvre. Et l'avanie du ciel fut notre chance. » Sécheresse, ô passion! délice et fête d'une élite.

Et nous voici maintenant sur les routes d'exode. La terre au loin brûle ses aromates. La chair grésille jusqu'à l'os. Des contrées derrière nous s'éteignent en plein feu du jour. Et la terre mise à nu montre ses clavicules jaunes gravées de signes inconnus. Où furent les seigles, le sorgho, fume l'argile blanche, couleur de fèces torréfiées.

Les chiens descendent avec nous les pistes mensongères. Et Midi l'Aboyeur cherche ses morts dans les tranchées comblées d'insectes migrateurs. Mais nos routes sont ailleurs, nos heures démentielles, et, rongés de lucidité, ivres d'intempérie, voici, nous avançons un soir en terre de Dieu comme un peuple d'affamés qui a dévoré ses semences...

★

Transgression! transgression! Tranchante notre marche, impudente notre quête. Et devant nous lèvent d'elles-mêmes nos œuvres à venir, plus incisives et brèves, et comme corrosives.

De l'aigre et de l'acerbe nous connaissons les lois. Plus que denrées d'Afrique ou qu'épices latines, nos mets abondent en acides, et nos sources sont furtives.

Ô temps de Dieu, sois-nous propice. Et d'une brûlure d'ail naîtra peut-être un soir l'étincelle du génie. Où courait-elle hier, où courra-t-elle demain ?

Nous serons là, et des plus prompts, pour en cerner sur terre l'amorce fulgurante. L'aventure est immense et nous y pourvoirons. C'est là ce soir le fait de l'homme.

Par les sept os soudés du front et de la face, que l'homme en Dieu s'entête et s'use jusqu'à l'os, ah! jusqu'à l'éclatement de l'os!... Songe de Dieu sois-nous complice...

★

« Singe de Dieu, trêve à tes ruses ! »

1974.

CHANT POUR UN ÉQUINOXE

L'autre soir il tonnait, et sur la terre aux tombes j'écoutais retentir
cette réponse à l'homme, qui fut brève, et ne fut que fracas.

Amie, l'averse du ciel fut avec nous, la nuit de Dieu fut notre intempérie,
et l'amour, en tous lieux, remontait vers ses sources.

Je sais, j'ai vu : la vie remonte vers ses sources, la foudre ramasse ses outils dans les carrières désertées,
le pollen jaune des pins s'assemble aux angles des terrasses,

et la semence de Dieu s'en va rejoindre en mer les nappes mauves du plancton.
Dieu l'épars nous rejoint dans la diversité.

★

Sire, Maître du sol, voyez qu'il neige, et le ciel est sans heurt, la terre franche de tout bât :
terre de Seth et de Saül, de Che Houang-ti et de Cheops.

La voix des hommes est dans les hommes, la voix du bronze dans le bronze, et quelque part au monde
où le ciel fut sans voix et le siècle n'eut garde,

un enfant naît au monde dont nul ne sait la race ni le rang,
et le génie frappe à coups sûrs aux lobes d'un front pur.

Ô Terre, notre Mère, n'ayez souci de cette engeance : le siècle est prompt, le siècle est foule, et la vie va son cours.

Un chant se lève en nous qui n'a connu sa source et qui n'aura d'estuaire dans la mort :

équinoxe d'une heure entre la Terre et l'homme.

1971.

NOCTURNE

Les voici mûrs, ces fruits d'un ombrageux destin. De notre songe issus, de notre sang nourris, et qui hantaient la pourpre de nos nuits, ils sont les fruits du long souci, ils sont les fruits du long désir, ils furent nos plus secrets complices et, souvent proches de l'aveu, nous tiraient à leurs fins hors de l'abîme de nos nuits... Au feu du jour toute faveur! les voici mûrs et sous la pourpre, ces fruits d'un impérieux destin — Nous n'y trouvons point notre gré.

Soleil de l'être, trahison! Où fut la fraude, où fut l'offense ? où fut la faute et fut la tare, et l'erreur quelle est-elle ? Reprendrons-nous le thème à sa naissance ? revivrons-nous la fièvre et le tourment ?... Majesté de la rose, nous ne sommes point de tes fervents : à plus amer va notre sang, à plus sévère vont nos soins, nos routes sont peu sûres, et la nuit est profonde où s'arrachent nos dieux. Roses canines et ronces noires peuplent pour nous les rives du naufrage.

Les voici mûrissants, ces fruits d'une autre rive. « Soleil de l'être, couvre-moi! » — parole du transfuge. Et ceux qui l'auront vu passer diront : qui fut cet homme, et quelle, sa demeure ? Allait-il seul au feu du jour montrer la pourpre de ses nuits ?... Soleil de l'être, Prince et Maître! nos œuvres sont éparses, nos tâches sans honneur et nos blés sans moisson : la lieuse de gerbes attend au bas du soir. — Les voici teints de notre sang, ces fruits d'un orageux destin.

À son pas de lieuse de gerbes s'en va la vie sans haine ni rançon.

1972.

CHANTÉ
PAR CELLE QUI FUT LÀ

Amour, ô mon amour, immense fut la nuit, immense notre veille où fut tant d'être consumé.
Femme vous suis-je, et de grand sens, dans les ténèbres du cœur d'homme.
La nuit d'été s'éclaire à nos persiennes closes; le raisin noir bleuit dans les campagnes; le câprier des bords de route montre le rose de sa chair; et la senteur du jour s'éveille dans vos arbres à résine.

Femme vous suis-je, ô mon amour, dans les silences du cœur d'homme.
La terre, à son éveil, n'est que tressaillement d'insectes sous les feuilles : aiguilles et dards sous toutes feuilles...
Et moi j'écoute, ô mon amour, toutes choses courir à leurs fins. La petite chouette de Pallas se fait entendre dans le cyprès; Cérès aux tendres mains nous ouvre les fruits du grenadier et les noix du Quercy; le ratlérot bâtit son nid dans les fascines d'un grand arbre; et les criquets-pèlerins rongent le sol jusqu'à la tombe d'Abraham.

Femme vous suis-je, et de grand songe, dans tout l'espace du cœur d'homme :
demeure ouverte à l'éternel, tente dressée sur votre seuil, et bon accueil fait à la ronde à toutes promesses de merveilles.
Les attelages du ciel descendent les collines; les chas-

seurs de bouquetins ont brisé nos clôtures; et sur le sable de l'allée j'entends crier les essieux d'or du dieu qui passe notre grille... Ô mon amour de très grand songe, que d'offices célébrés sur le pas de nos portes! que de pieds nus courant sur nos carrelages et sur nos tuiles!...

Grands Rois couchés dans vos étuis de bois sous les dalles de bronze, voici, voici de notre offrande à vos mânes rebelles :
reflux de vie en toutes fosses, hommes debout sur toutes dalles, et la vie reprenant toutes choses sous son aile!
Vos peuples décimés se tirent du néant; vos reines poignardées se font tourterelles d'orage; en Souabe furent les derniers reîtres; et les hommes de violence chaussent l'éperon pour les conquêtes de la science. Aux pamphlets de l'histoire se joint l'abeille du désert, et les solitudes de l'Est se peuplent de légendes... La Mort au masque de céruse se lave les mains dans nos fontaines.

Femme vous suis-je, ô mon amour, en toutes fêtes de mémoire. Écoute, écoute, ô mon amour,
le bruit que fait un grand amour au reflux de la vie. Toutes choses courent à la vie comme courriers d'empire.
Les filles de veuves à la ville se peignent les paupières; les bêtes blanches du Caucase se payent en dinars; les vieux laqueurs de Chine ont les mains rouges sur leurs jonques de bois noir; et les grandes barques de Hollande embaument le girofle. Portez, portez, ô chameliers, vos laines de grand prix aux quartiers de foulons. Et c'est aussi le temps des grands séismes d'Occident, quand les églises de Lisbonne, tous porches béant sur les places et tous retables s'allumant sur fond de corail rouge, brûlent leurs cires d'Orient à la face du monde... Vers les Grandes Indes de l'Ouest s'en vont les hommes d'aventure.

Ô mon amour du plus grand songe, mon cœur ouvert
  à l'éternel, votre âme s'ouvrant à l'empire,
que toutes choses hors du songe, que toutes choses
  par le monde nous soient en grâce sur la route!
La Mort au masque de céruse se montre aux fêtes
  chez les Noirs, la Mort en robe de griot changerait-
  elle de dialecte ?... Ah! toutes choses de mémoire,
  ah! toutes choses que nous sûmes, et toutes choses
  que nous fûmes, tout ce qu'assemble hors du songe
  le temps d'une nuit d'homme, qu'il en soit fait avant
  le jour pillage et fête et feu de braise pour la cendre
  du soir! — mais le lait qu'au matin un cavalier tar-
  tare tire du flanc de sa bête, c'est à vos lèvres, ô mon
  amour, que j'en garde mémoire.

1968.

VENTS

CHRONIQUE

CHANT POUR UN ÉQUINOXE

DU MÊME AUTEUR

dans la même collection

ÉLOGES, *suivi de* LA GLOIRE DES ROIS, ANABASE, EXIL.

AMERS, *suivi de* OISEAUX *et de* POÉSIE.

DERNIÈRES PARUTIONS

248.	Dylan Thomas	*Vision et Prière.*
249.	***	*Chansons françaises de la Renaissance.*
250.	Eugenio Montale	*Poèmes choisis (1916-1980).*
251.	Herman Melville	*Poèmes de guerre.*
252.	André du Bouchet	*Dans la chaleur vacante.*
253.	Gaspara Stampa	*Poèmes.*
254.	Daniel Boulanger	*Intailles.*
255.	Martial	*Épigrammes.*
256.	Michel-Ange	*Poèmes.*
257.	John Donne	*Poèmes.*
258.	Henri Michaux	*Face aux verrous.*
259.	William Faulkner	*Le Faune de marbre. Un rameau vert.*
260.	Walt Whitman	*Poèmes.*
261.	Stéphane Mallarmé	*Poésies.*
262.	Yves Bonnefoy	*Rue Traversière.*
263.	***	*Anthologie de la poésie française du* XIX*e siècle,* II.
264.	Hugo von Hofmannsthal	*Lettre de Lord Chandos.*
265.	Paul Valéry	*Ego scriptor.*
266.	Goethe	*Élégie de Marienbad.*
267.	Lorand Gaspar	*Égée. Judée.*
268.	Jacques Réda	*Les Ruines de Paris.*
269.	Jude Stéfan	*À la Vieille Parque.*
270.	Rainer Maria Rilke	*Lettres à un jeune poète.*
271.	Pierre Torreilles	*Denudare.*
272.	Friedrich Hölderlin	*Odes. Élégies. Hymnes.*
273.	W.B. Yeats	*Quarante-cinq poèmes.*
274.	Bernard Noël	*La Chute des temps.*
275.	***	*Anthologie de la poésie russe.*
276.	André Chénier	*Poésies.*
277.	Philippe Jaccottet	*À la lumière d'hiver.*
278.	Daniel Boulanger	*Hôtel de l'image.*
279.	Charles Leconte de Lisle	*Poèmes antiques.*
280.	Alexandre Pouchkine	*Poésies.*
281.	Elizabeth Browning	*Sonnets portugais.*
282.	Henri Michaux	*L'Infini turbulent.*
283.	Rainer Maria Rilke	*Élégies de Duino. Sonnets à Orphée.*
284.	Maurice Blanchard	*Les Barricades mystérieuses.*
285.	Omar Khayam	*Rubayat.*

286. Agrippa d'Aubigné — *Les Tragiques.*
287. Jean Cassou — *Trente-trois sonnets composés au secret.*
288. *** — *La planche de vivre.*
289. Pierre Jean Jouve — *Dans les années profondes.*
290. John Milton — *Le Paradis perdu.*
291. Pablo Neruda — *La Centaine d'amour.*
292. Yves Bonnefoy — *Ce qui fut sans lumière.*
293. Pier Paolo Pasolini — *Poèmes de jeunesse.*
294. Jacques Audiberti — *Ange aux entrailles.*
295. Henri Pichette — *Apoèmes.*
296. Stéphane Mallarmé — *Vers de circonstance.*
297. John Keats — *Poèmes et poésies.*
298. Paul Claudel — *Cent phrases pour éventails.*
299. Louis Calaferte — *Rag-time.*
300. André Breton — *Poisson soluble.*
301. David Herbert Lawrence — *Poèmes.*
302. *** — *Les Poètes du Chat Noir.*
303. Joachim Du Bellay — *Divers Jeux rustiques.*
304. Juvénal — *Satires.*
305. Odysseus Elytis — *Axion Esti.*
306. Nuno Júdice — *Un chant dans l'épaisseur du temps.*
307. Pentti Holappa — *Les Mots longs.*
308. Max Elskamp — *La Chanson de la rue Saint-Paul.*
309. *** — *Anthologie de la poésie religieuse française.*
310. René Char — *En trente-trois morceaux.*
311. Friedrich Nietzsche — *Poèmes. Dithyrambes pour Dionysos.*
312. Daniel Boulanger — *Les Dessous du ciel.*
313. Yves Bonnefoy — *La Vie errante. Remarques sur le dessin.*
314. Jean de la Croix — *Nuit obscure. Cantique spirituel.*
315. Saint-Pol-Roux — *La Rose et les Épines du chemin.*
316. *** — *Anthologie de la poésie française du XVIIIe siècle.*
317. Philippe Jaccottet — *Paysages avec figures absentes.*
318. Heinrich Heine — *Nouveaux poèmes.*
319. Henri Michaux — *L'Espace du dedans.*
320. Pablo Neruda — *Vingt poèmes d'amour. Les vers du capitaine.*
321. José Ángel Valente — *Trois leçons de ténèbres.*

322. Yves Bonnefoy — *L'Arrière-pays.*
323. André du Bouchet — *L'ajour.*
324. André Hardellet — *La Cité Montgol.*
325. António Ramos Rosa — *Le cycle du cheval.*
326. Paul Celan — *Choix de poèmes.*
327. Nâzim Hikmet — *Il neige dans la nuit.*
328. René Char — *Commune présence.*
329. Gaston Miron — *L'homme rapaillé.*
330. André Breton — *Signe ascendant.*
331. Michel Deguy — *Gisants.*
332. Jean Genet — *Le condamné à mort.*
333. O. V. de L. Milosz — *La Berline arrêtée dans la nuit.*
334. *** — *Soleil du soleil.*
335. Jean Racine — *Cantiques spirituels.*
336. Jean-Pierre Duprey — *Derrière son double.*
337. Paul Claudel — *Bréviaire poétique.*
338. Marina Tsvétaïéva — *Le ciel brûle* suivi de *Tentative de jalousie.*
339. Sylvia Plath — *Arbres d'hiver* précédé de *La Traversée.*
340. Jacques Dupin — *Le corps clairvoyant.*
341. Vladimír Holan — *Une nuit avec Hamlet.*
342. Pierre Reverdy — *Main d'œuvre.*
343. Mahmoud Darwich — *La terre nous est étroite.*
344. *** — *Anthologie de la poésie française du xxe siècle,* I.
345. *** — *Anthologie de la poésie française du xxe siècle,* II.
346. Pierre Oster — *Paysage du Tout.*
347. Édouard Glissant — *Pays rêvé, pays réel.*
348. Emily Dickinson — *Quatrains* et autres poèmes brefs.
349. Henri Michaux — *Qui je fus* précédé de *Les Rêves et la Jambe* et autres textes.
350. Guy Goffette — *Éloge pour une cuisine de province* suivi de *La vie promise.*
351. Paul Valéry — *Poésie perdue.*
352. *** — *Anthologie de la poésie yiddish.*
353. *** — *Anthologie de la poésie grecque contemporaine.*
354. Yannis Ritsos — *Le mur dans le miroir.*

355.	Jean-Pierre Verheggen	*Ridiculum vitae* précédé de *Artaud Rimbur.*
356.	André Velter	*L'Arbre-Seul.*
357.	Guillevic	*Art poétique* précédé de *Paroi* et suivi de *Le Chant.*
358.	Jacques Réda	*Hors les murs.*
359.	William Wordsworth	*Poèmes.*
360.	Christian Bobin	*L'Enchantement simple* suivi de *Le Huitième Jour de la semaine, Le Colporteur, L'Éloignement du monde.*
361.	Henry J.-M. Levet	*Cartes Postales.*
362.	Denis Roche	*Éros énergumène.*
363.	Georges Schehadé	*Les Poésies,* édition augmentée.
364.	Ghérasim Luca	*Héros-Limite* suivi de *Le Chant de la carpe* et de *Paralipomènes.*
365.	Charles d'Orléans	*En la forêt de longue attente.*
366.	Jacques Roubaud	*Quelque chose noir.*
367.	Victor Hugo	*La Légende des siècles.*
368.	Adonis	*Chants de Mihyar le Damascène* suivi de *Singuliers.*
369.	***	*Haiku.* Anthologie du poème court japonais.
370.	Gérard Macé	*Bois dormant.*
371.	Victor Hugo	*L'Art d'être grand-père.*
372.	Walt Whitman	*Feuilles d'herbe.*
373.	***	*Anthologie de la poésie tchèque contemporaine.*
374.	Théophile de Viau	*Après m'avoir tant fait mourir.*
375.	René Char	*Le Marteau sans maître* suivi de *Moulin premier.*
376.	Aragon	*Le Fou d'Elsa.*
377.	Gustave Roud	*Air de la solitude.*
378.	Catherine Pozzi	*Très haut amour.*
379.	Pierre Reverdy	*Sable mouvant.*
380.	Valère Novarina	*Le Drame de la vie.*
381.	***	*Les Poètes du Grand Jeu.*
382.	Alexandre Blok	*Le Monde terrible.*

Ce volume,
le trente-sixième de la collection Poésie,
a été achevé d'imprimer sur les presses
de l'imprimerie Bussière à Saint-Amand (Cher),
le 20 mars 2003.
Dépôt légal : mars 2003.
1er dépôt légal dans la collection : octobre 1968.
Numéro d'imprimeur : 31872.
ISBN 2-07-030247-4./Imprimé en France.

123658